WILFRIED HILGERT

Englisch-Rhoihessisch

Das ver-rückte Wörterbuch

Oktober 2000
Hilgert Verlag, Schmitt-Horr-Str. 10, 55457 Horrweiler
Tel.: 0 67 27 - 83 12, Fax: 0 67 27 - 95 21 68
E-Mail: Hilgert@gmx.de

Zeichnungen: Aladár Zoltán Suhajda

Satz & Layout: Stefan Wiegers, 55459 Grolsheim
Lektorat: Hilke Wiegers, 55459 Grolsheim
Druck: GEWA-Druck, 55411 Bingen

ISBN 3-933912-01-6

Englisch-Rhoihessisch

Das ver-rückte Wörterbuch

von
Wilfried Hilgert

Zeichnungen
von
Aladár Zoltán Suhajda

Vorwort

Wenn die für ein Vorwort gesammelten Notizen Buchumpfang erreichen, stellt sich die Frage, worüber man eigentlich schreiben wollte...

Deshalb ganz kurz und knapp, worum es geht: um die Anglizismen in der deutschen Sprache. Laut DUDEN Fremdwörterbuch ist ein Anglizismus die „Übertragung einer für das britische Englisch charakteristischen Erscheinung auf eine nicht englische Sprache". Zwangsläufig mischen sich auch Amerikanismen darunter. Täglich wird der deutsch sprechende und verstehende Bürger mit neuen, ihm unbekannten Wörtern konfrontiert, die von Sprach-Schickimickis im Sprachalltag verwendet werden, weil sie so „trendy" und „in" sind.
Die Deutsche Bahn AG hat dabei eine Vorreiterrolle übernommen. Schafft sie es auch nicht, ihre Kunden auf zufriedenstellende Weise zu befördern, bei der Einführung der englischen Sprache ist die Bahn führend. So heißen in ihrem „Neudeutsch" die Fahrkartenschalter jetzt „Ticket Counter". Den im Stau steckenden Autofahrern will sie „Stau-Scouts" schicken. Dabei warten auf den Bahnhöfen viel dringlichere Aufgaben...
Die Gesellschaft für deutsche Sprache suchte den Sprachpanscher des Jahres. Mitfavorit im Jahr 2000 war ein Bankchef, der in feinstem Nadelstreifenenglisch den „Cup" mit der „Group" verkündete, was sich in Schall und Rauch auflöste.
Auch im Ausland registriert man die zunehmende Anglisierung der deutschen Sprache: Professor Dr. Jean-Marie Zemb aus Paris stellt fest: „Deutsch

als Lernfach in Frankreich geht zurück, weil die Franzosen nicht mehr glauben, dass Deutsche Deutsch sprechen". In der deutschsprachigen Presse erscheinen in schöner Regelmäßigkeit sprachkritische Artikel. So widmet die Tageszeitung „Die Welt" einen umfangreichen Artikel dem Thema „Feldzug gegen Plastikwörter" und die „Dithmarscher Zeitung" kritisiert am 1. September 2000 „...die Sprachpanscher sitzen überall. Und es wird schwer sein, ihnen das Handwerk zu legen. Weil Beliebigkeit zum Standard geworden ist, bleibt Sprachverhunzung straflos".

Englisch-Rhoihessisch, ein ver-rücktes Wörterbuch?

Ja, und zwar ganz bewusst! Es beginnt mit der nüchternen Darstellung und Erklärung des englischen Begriffes. Schließlich soll dieses Buch ja auch eine Hilfe im verenglischten Alltag sein. Die Ver-rücktheit folgt auf dem Fuße – in und zwischen den Mundartvierzeilern. Denn Sprachähnlichkeiten der englischen Sprache mit unseren Dialekten gibt es genug. Nur die Bedeutung ist manchmal eine etwas andere...
Einige Laute, die es im Deutschen nicht gibt, lassen sich nicht korrekt wiedergeben. Gelingt dies gut bei „Highlight = Hei Leit", so wird aus „Call" der etwas von der englischen Aussprache abweichende „Kohl". Eine phonetische Lautschrift würde derartige Ungenauigkeiten vermeiden, das Buch aber schwer lesbar machen. Und warum soll man in der Mundart nicht „Kohl" für „Call" sagen – wenn es Kohl ist? Schließlich wußte schon Theodor Fontane: „Gegen eine Dummheit, die gerade in Mode ist, kommt keine Klugheit auf".

absaven, abspeichern von Computerdaten, um sie zu sichern (engl. to save = sichern).

absäfen

Die Seif – uff Platt die Säf – macht glitschich
un is ganz sicher e Gefahr,
werds doch dorch sie gefährlich ritschich,
absäfe erscht macht alles klar.

Action, turbulente, oft gewaltbetonte Szenen.
Connection, Verbindung, Beziehung.

Äktschen, Konnäktschen

Wo ebbes los is, do is *Äktschen*.
Wo zu veel *Äktschen*, gibts leicht Krach,
doch met ner altbewährt *Konnäktschen*
hält mer manch Ungemach in Schach.

Advantage, Vorteil, Gewinn.

Ädwanditsch

Warum statt Vordeil jetzt *Ädwanditsch*?
Wodrin leit do dann de Gewinn?
Is deitsch als Sprach verdorb un ranzich?
Was macht *Ädwanditsch* for e Sinn?

After Work Club, dort geht's gleich nach Feierabend zum Tanzen – und beizeiten heim. Im After-Hour-Club fängt dagegen die Party erst an, wenn die Discos geschlossen haben.

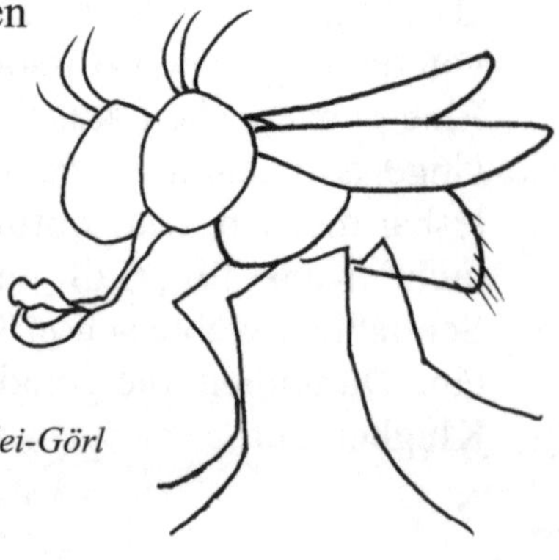

Fly-Girl/Flei-Görl

Fly-Girl, besonders hübsch und sexy, das weibliche Gegenstück zum
B-Boy (Abkürzung von engl. *breakdancer*) korrekt gekleideter Szenetyp, der weiß, was angesagt ist.

Aafder Wörk Klabb, Flei-Görl, Bie-Boy

No Feieroomend gehts beim Danze
im *Aafder Wörk Klabb* richdich rund:
Flei-Görls, *Bie-Boys* un Pomeranze*,
die treffe sich do kunderbunt.

* *Landmädchen (bildliche Übertragung eines Baumes mit orangefarbenen Früchten)*

Airfield Karting, Gokart fahren auf einem Flugplatz.
Gokart, kleiner, offener Sportrennwagen.

Ärfield Karding, Gokart

Met *Ärfield Karding* hot mer endlich
em *Gokart* mol de Laufpass gebb.
Es war jo langsam unverständlich
wie lang das „alde" Wort do blebb.

Anchorman/Annkermän

Anchorman, Anchorwoman, Moderatoren von Rundfunk- oder Fernsehnachrichten.

Annkermän, Annkerwummen

Ob *Annkermän*, ob *Annkerwummen*,
wie zart melodisch das doch klingt...
jed Nachdigall will do verstumme,
denkt die doch, dass e Wuchtbrumm singt.

ansurfen, im Internet sein Ziel finden.
ansörfen
Im Indernet es Ziel se finne,
statt in de Wertschaft e Zuhaus,
verspricht: *ansörfe** lässt gewinne,
sörft mer net iwwers Ziel enaus.
* *ansaufen*

ansurfen/ansörfen

anturnen, in Stimmung versetzen.
abturnen, die Stimmung verderben.
Big Brother, der große Bruder, der alles sieht.
Primetime, TV-Haupteinschaltzeit.
antörnen, abtörnen, Big Brasser, Praimtaim
Wen ebbes *antörnt*, find das Klasse.
Was *abtörnt* is halt Mist, na klar.
Big Brasser, es is kaum se fasse,
de Renner in de *Praimtaim* war.

Anmerkung: „Big Brother is watching you" (Aufschrift auf dem Zapfhahn einer Tankstelle) = der große Bruder beobachtet dich. – Von George Orwell mit seinem Buch „1984" zum Schlagwort gemacht.

anything goes, es geht alles; alles ist möglich.
enising goos
Enising goos – schwer vorsestelle
wie das mol ohne englisch war.
Doch unversiegbar sin so Quelle
wie die, wo's sprudelt: „Alles klar!"

anything goes/Enising goos

Apple Queens, (Apfel Königinnen) so nennt sich eine rheinhessische Damenfußballmannschaft.
King, Anführer, der höchstes Ansehen genießt.
Äppel Quiens, King
Die *Äppel Quiens*, wie uffgep*äppel*t
beim Fußball speele, knackich frisch.
Un kimmt e Prinz als *King* ged*äppel*t,
freue die *Quiens* sich keeniglich.

Autoshuttle, Hin- und Hertransport von Autos.
Audoschaddel
Es Audo sitscht jo fescht im Saddel,
werds statt se fahre transpordiert.
Es werft debei e *Audoschaddel*,
so groß wie's Schadde produziert.

Anmerkung: Es shuttelt („schaddelt") im Land. Selbst das Buch der Bücher wird davon nicht verschont. Mittlerweile gibt es das herumreisende Bibel-Shuttle. Wann kreuzt der Pabst im Vatikan-Shuttle auf?

Background, Hintergrundwissen.
Bäckgraund
De Hinnergrund vun allem Wisse,
der dut sich in em *Bäckgraund* kund.
Lässt so e Wisse wer vermisse,
bleibt besser er im Hinnergrund.

Backshop, gemeint ist wohl ein Backladen; liest man aber den ersten Wortteil wie den zweiten als englischen Begriff, handelt es sich um einen „Bäckschopp", das heißt hinterer Laden oder Laden mit Hintereingang.
Backoffice, sozusagen ein Hinterzimmer der Börse, wo Käufe und Verkäufe abgerechnet werden.
Bäckschopp, Bäckoffiss
Die Sach an sich is ziemlich windisch,
weil so e *Bäckschopp* ganz famos,
wie de *Bäckoffiss* hinnergrindich,
is doch nor hinne ebbes los.

Baggy Pants, schlabberige, weit geschnittene, ausgebeulte Hose.

Bäggi Päns

Die *Päns**, ob klooner Knirps, ob Stobbes
met *Bäck*elcher, do gähnt die Hos –
bis mol de *Bäcki Päns* ehr Bobbes
wägscht un die Backe dann zu groß.

* *Kinder (von franz. panse)*

Bandleader, Leiter einer Band (Gruppe von Musikern einer bestimmten Musikrichtung).

Backstage, Zone hinter der Bühne (den Kulissen).

Bändlieder, Bäcksteeidsch

Uff ner CD wie *Bänd** die Lieder
hot mer met Absicht konserviert –
wer waaß, was leif** bei Sangesbrieder
sunscht in de *Bäcksteeidsch* all bassiert.

* *Bänder (durch Verschlucken einer Silbe zeigt sich der Dialekt wieder einmal doppeldeutig)*

** *live*

Bike Point, Parkbox fürs Fahrrad.

Mountainbike, Fahrrad für Geländefahrten.

Roadmap, Straßenkarte.

Beik Point, Mauntenbeik, Roudmäp

Beik Point heescht jetzt de Fahrradständer,
als Parkbox aach for *Mauntenbeiks*.
E Wegbeschreiwung? Ei, die nennt mer:
Roudmäp! „Rad ab" saat wer, „was Zeigs*"!

* *dummes Zeug*

Blind Date, Verabredung mit einer unbekannten Person („blind" treffen).

Blein Deet

Blein Deet dut mer das heit jo nenne,
geht mer wie blind uff jemand zu.
Schun aus de Kindheit mer das kenne,
nor saat mer do noch: Blindekuh!

Blockbuster, heute vorwiegende Bedeutung: Mensch mit durchschlagendem Erfolg.

Blockbasster

De Misserfolg – so wen missacht er.
Beim Miss-Erfolg* steht er Spalier.
In alles, nor koo Hohl-*Block basst er*,
er, de Torero – net de Stier.

* *Sieg bei einer Miss-Wahl*

Blue-Ice, blaue Eisklumpen anrüchiger Art, welche Flugzeuge fallen lassen.

Blu-Eis

Blu-Eis dut als vum Himmel sinke,
weil es Erleichderung verschafft.
Doch wie dut das zum Himmel stinke,
was met so strengem Duft behaft.

Board, es „boardet" vom Sideboard bis zur Börsennotierung, im sportlichen Bereich als Skate- oder Snowboard, musikalisch als Keyboard.

Boord

Es *Boord* kennt mer seit alde Zeide
vum Vorratsraum her als Regal.
Die ganze *Boords* heit duns beneide,
weil dodruff immer erschde Wahl!

Book on demand/
Buck on diemand

Book on demand; (Kürzel: „Bod") Buch auf Bestellung; eine der bedeutendsten technologischen Revolutionen seit der Erfindung der Buchdruckerkunst durch Gutenberg; lässt Veröffentlichungen auch in Kleinstauflagen zu.

eBook, die elektronische Ausgabe von bedrucktem Papier.

Buck on diemand, iBuck

Wer lusdich is e Buch se schreiwe,
hots dank *Buck on diemand* heit leicht.
Lässt wer es Bläddern liewer bleiwe,
es Ziel met *iBuck* aach erreicht.

Boom, wirtschaftlicher Aufschwung; Hochkonjunktur.

Buum

Im Hunsrick zwische Dorf un Felder,
is er wie wild gewachs, de *Buum**.
Es hot ge*buum*t in alle Wälder,
do kam e Sturm, de *Buum* fiel um.

* *altes Mundartwort für Baum*

Bossing, wenn der Chef (Boss) persönlich seine Angestellten rausekelt (s. Mobbing), vielleicht um Abfindungen zu sparen.

Bossing

Wann Bosse manchmol *Bosse** mache,
gibts bei Getroffene leicht Fruscht.
Met *Bossing* Mobbing se entfache,
macht ganz bewuscht uffs Weggehn Luscht.

* *Possen*

Boygroup, Popband, die auf erotische Ausstrahlung aus ist; ihre weiblichen Fans sind die Groupies. Die Bezeichnung „Group" wird mittlerweile auch gern in anderem Kontext verwendet, etwa bei wirtschaftlichen Zusammenschlüssen.

Boygrub

E *Grub* macht offenbar erodisch,
platzt aach so manche Allianz*.
Die *Boygrub* singt halt so melodisch,
weil in de *Grub* veel Resonanz**.

* *Beispiel: Deutsche und Dresdner Bank*

** *die Grube als Resonanzkörper*

Brainstorming, das Sammeln von spontanen Einfällen zur Lösung eines Problems.

good night, gute Nacht.

good morning, guten Morgen.

Breeinstorming, gud neid, gud morning

Gud neid un morjens: *gude* morning*! –
Im Bett bleibt for Gedanke Zeit.
Aus dene macht mer dann *Breeinstorming*,
dass mer net nutzlos do drin leit.

* *Das mundartliche „gude" wird hier ironisch als humorvolle Brücke zum Englischen gebraucht*

Braintrust, Beratergruppe in Politik und Unternehmen.
Producer, Hersteller; Produzent (z.B. von Filmen).
User, sitzt vorm Computer.
Breeintrast, Prodjuser, Juser
Mem *Breeintrast* hot mer als *Prodjuser*
wen, der sich auskennt, an de Hand.
Doch zieht mer sich met so em *Juser*
noch lang koo Spezialischt an Land.

Brainwash/Breeinwosch

Brainwash, Gehirnwäsche.
Dash, Waschmittelmarke.
dash, schleudern, (heftig) stoßen. (auffallend die drei verschiedenen Aussprachen:)
Breeinwosch, Dasch, däsch
Met *Dasch*, do werd gewasch, sprich: wäscht mer.
Bei *Breeinwosch* awwer werd *gewosch*.
Dut jemand schleudere, dann *däscht* er –
das is Gehirnwäsch for de Rosch*.

* *Kopf (jiddisch/hebräisch)*

Brunch, spätes, reichhaltiges Frühstück (breakfast), welches das Mittagessen (lunch) erspart. Brunch ist aus beiden Begriffen entstanden.
Bransch
Will jemand morjens länger schlofe
un peift uff *Br*äkfäscht wie uff L*ansch*,
dann kann er oomens länger schwofe
un isst statt zwaamol oomol: *Bransch*.

Bungeejumping, springen aus großer Höhe mit einem an den Füßen befestigten Gummiseil.

Bandschischamping

Wem was ins Kreiz fährt, kriet Malesse
dank *Bandschischamping** schnell eweg –
falls net es Seil reißt unnerdesse
un er die *Bandscheib* staucht am Heck.

* *in freier Übersetzung: Champagner für die Bandscheibe – was natürlich in unseren Landen klassisch vergorener Sekt aus deutschen Anbaugebieten ist*

Business to Business, Warenwirtschaft zwischen Zulieferer und Produzent.

Bissniss tu Bissniss

Im Lewe gilts sich dorchsebeiße,
manch harde Nuss is uns gewiss,
die Konkurrenz drickt uff die Preise:
Stirb oder *biss Niss du, biss Niss*!

Caddie, vom Golfschläger tragenden Jungen (auch die ersten Mädchen tun es!) über einen kleinen zweirädrigen Wagen bis zum komfortablen Aufsitzer, der mehrere Personen zu befördern vermag.

Käddie

Wer Golf spielt, gern devun betroff is,
dass er devun net losse kann.
Es Käthche, wo lang metgeloff is,
trägt heit als *Käddie** jedermann.

* *Koseform von Käthe*

Caddie/Käddie

Call-Billing-Center, so prangt es auf dem Briefbogen des Stromanbieters RWE. Erst die zweite Anfrage, was hinter diesem Begriff wohl steckt, wurde verständlich beantwortet: Man sei hier telefonisch mit dem Abrechnungszentrum verbunden.
„Ein adäquater deutscher Begriff für Call-Billing-Center würde mehr Verwirrung stiften." – eine mutige Behauptung!

Kohl-Billing-Sender
Es RWE, den Stromer kennt mer
net grad als Billich-Strom-Versand.
Was steht do jetzt? *Kohl-Billing-Sender*!
Oh, frohe Kunde, Deutscheland!

Call-by-call, Inlandsgespräche im Regional- und Fernbereich; mit der entsprechenden Vorwahl kann man den günstigsten Anbieter wählen.
City-call, Ortsgespräch.
Local Call, Ortsgespräch bei der deutschen Telekom.
German Call, Telefonat innerhalb Deutschlands bei der gleichen Gesellschaft. – Wann es wohl „German" Telekom heißt?
Call-us, ruf uns an.
Call-in, Anrufsendung bei Rundfunk oder Fernsehen.

Kohl bei Kohl, Siddi-Kohl, Lockel-Kohl, Schörmen Kohl, Kohl-as, Kohl-in
Ob *Kohl bei Kohl* – in deitsche Lande! –
ob *Siddi-, Lockel-, Schörmen Kohl,*
Kohl-as, Kohl-in – ihr liewe Tande
vun Telekom & Co., echt doll!

Callgirl, Prostituierte, die auf einen Anruf wartet.
Callboy, junger Mann, beiden Geschlechtern zu Diensten.
Callcenter, hier werden Anfragen oder Beschwerden durch geschultes Personal telefonisch entgegen genommen.
Kohlgirl, Kohlboy, Kohlsender
Kohlgörls un *-boys*, dun an- statt schaffe,
weil ihr Berufung sexuell.
Wanns klingelt, das dun se noch raffe,
doch *Kohlsender* sin net ihr Fäll.

canceln, streichen, absagen, rückgängig machen; es wird etwas gecancelt.
kentseln
Wer *kennt selln** Kerl net, wo dem Meedche
die Eh versproch hot, 's net gehall.
Hätt s'en ge*kennt selln* Typ, saats Greetche,
sie wär em sicher net verfall.
* *jenen (seller aus mittelhochdeutsch selb = derselbe)*

Carsharing, organisierte gemeinsame Nutzung eines Autos durch mehrere Personen.
Karschering
Was *schert* uns deitsch? Mer spieke englisch!
Es Audo mache mer zum *Kar*,
un spreche neideitsch, also denglisch*,
weil das es neie Liebespaar.
* *abfällige Bezeichnung für die (oft wenig qualifizierte) Vermischung der deutschen Sprache mit englischen Sprachbrocken*

Carving, das Fahren mit kürzeren taillierten Ski.
Snowboard, Brett auf dem man über den Schnee gleitet (was darum kein Schneebrett ist).
Funcarver, Spaß-Kurzski.
Racecarver, Rennski kürzerer Bauart.
Kaawing, Snouboord, Fankaawer, Reeskaawer
Beim *Kaawingschi* un *Snouboord* fahre
kimmt mer in Schwung un hebt schnell ab.
Fankaawer bringe wie *Reeskaawer*
noch manche alde Gaul uff Trab.

Carwash, Autowäsche.
Karwosch
Wer will an Oschdern net e Audo,
grad so wie aus em Ei gepellt?
Die *Karwoch*, so macht uns wer schlau do,
kimmt for die *Karwosch** wie bestellt.

* *Autowäsche in der Karwoche?*

Cash, Bargeld, Barzahlung.
Käsch
Der wo's net hot, muss dofor schufde:
am Erschde do, am Letschde wesch!
Wer Bares *kascht*, der find halt dufde,
hot in de Täsch er immer *Käsch*.

Cashflow, flüssige Geldmittel in einem Unternehmen.
Käschfloh
Em *Käschfloh*, dem is net se traue,
weil, kaum ge*käscht*, sucht er im Nu
dem, der en *käscht* fluggs absehaue,
gibt so e *Floh* doch niemols Ruh.

Cash-Point, Geldautomat.
Käsch-Point
"Geld-Audomat", das klingt so ehrlich
un – vorwurfsvoll! Als wär der schuld,
dass uff de Bank drum wer entbehrlich.
Met „*Käsch-Point*" werd mer ingelullt*.
** einlullen heißt hier (mit einer Vernebelungstaktik) schläfrig machen*

Casting, z.B. Rollenbesetzung bei Film und Fernsehen; ein Casting-Fehler ist eine Fehlbesetzung.
Runninggag, Gag, der sich immer wiederholt, der oft verwendet wird.
Kaasding, Ranninggägg
Beim *Kaasding* gibts als *Kaasding*-Fehler,
die hätt mer liewer widder weg.
Doch immer widder-holt gern jeder
e richdich scheene *Ranninggägg*.

Catwalk-Beauty, Laufsteg-Schönheit.
Kättwog-Bjudi
Wer guckt net, wann e *Kättwog-Bjudi*
wie Claudia Schiffer ebbes zeigt,
in Schiffong, Seide: Tuttifrutti!
Es *wogt*, dass sich de Laufsteg neigt.

Champions League, Pokalwettbewerb der europäischen Fußballmeister.
Top-Scorer, hat die meisten Tore oder Punkte erzielt.
Goalgetter, besonders erfolgreicher Torschütze.
Schämpiens Lieg, Top-Skorer, Goolgedder
Die *Schämpiens Lieg* hot de *Top-Skorer*,
die Kreisklass macht do noch net met,
do schießt mer zwar genauso Doore,
Goolgedder awwer gibts do net.

Change-Management, Schlagwort von Unternehmensberatern für die Umerziehung von Mitarbeitern.
Happyend, glücklicher Ausgang.
Scheensch-Mänätschment, Häppyend
Wie mern gern hätt, dut mern sich ziehe,
de Mensch beim *scheensch*de *Mänätschment*.
Berader ihn solang beknieje
bis ers bekappt hot: *Häppyend**!

* *Ein Happyday, wenn etwas so glücklich „happyendet“*

Chatroom, Plauderecke im Internet, wo sich der Chatter beim chatten bzw. netsurfen eine Pause gönnt.
Tschättrum
Im *Tschättrum* kriet mer kaum de Rabbel,
mer is entspannt, sucht Harmonie,
Verzehlches ohne laut Gebabbel:
„*'ch hätt rum*geschwätzt bis morje frieh!"

Check-in, Abfertigung des Fluggastes vor dem Abflug.
Scheck in
Scheck in em Seckel oder Bares,
dezu e Kärtche ingesteckt –
wer fliege will, der braucht halt Rares,
sunscht werd er widder fortge*scheck*t.

Cheerleader, junge Frauen, die bei großen Sportveranstaltungen in Stadien die Stimmung anheizen; Einpeitscher beim Anfeuern.

Schierlieder

Schierlieder sin – net wie se denke –
Gesang, wo es um *Schier** geht.
Warum sich die do so verrenke?
Ei, weils-en kalt is, dene Meed!

* *Skier*

Chip, Spielmarke beim Roulette; fettgebackene dünne Kartoffelscheibe.

Schipp

Was nitzt e *Schipp*, will mer was esse? –
Do gebb em Kind mol net soi Hipp!
Du Pommes odder *Schipps* vergesse! –
Es Kind macht garandiert e *Schipp**!

* *Schippe, Schaufel; ein Kind, welches eine „Brutsch" macht, schiebt die Unterlippe wie zu einer Schippe geformt hervor*

City-Manager, Stadtdirektor.
Siddi-Mänätscher
Es war emol e Volk, Germane,
das hot noch deitsch gesproch, was schwer –
bis die dann vun de Insel kame,
die neie *Siddi-Mänätscher**.

* *Wer „trendy" sein will, muss nicht nur viel „mänätschen", sondern auch das Wort Manager als Berufsbezeichnung führen, sonst ist er „aut"*

Clearingstelle, Verrechnungsstelle.
Klieringstelle
Do gabs doch mol Verrechnungsstelle,
wo mer sich oft verrechend hot!
Das ware dann Verrechnungsfälle,
wo dank de *Klieringstell* jetzt fort.

Clubwear/Klabbwär

Clubwear,
überweites buntes
Baumwollhemd (Shirt);
das Nebeneinander von Stilen
und Trends in der Mode.
Klabbwär
So mancher dut die *Klabb* uffreiße –
grad wie e Hemd, wo superweit.
Deet der net gar so um sich schmeiße,
die *Klabb wär* zu – un er gescheit.

Coach, Trainer.
Coaching, Betreuen während eines Wettkampfes, also **coachen**

Koutsch, Koutsching, koutschen

De *Koutsch* träniert ganz ohne Knootsche,
falls das beim *Koutsching* immer geht;
doch braucht die Dootsche* er beim *koutsche*,
wann statt em „o" e „n" do steht.**

** Hände (eine Linksdootsch hat das rechte Gefühl in der linken Hand)*

*** Rätselauflösung: Aus „koutsche" wird „knutsche" (verwandt mit „Knootsche" = Hände)*

Coffeeshop, Café (in ganzer Länge nennt sich der Kaffeeladen: „World Coffee Convenience Store" und bietet eine „15 Minuten-Lifestyle-Pause" – als neudeutsche Kultstätte).
Muffin, im Förmchen gebackenes Kleingebäck.

Koffischopp, Maffin

*Koo Vieh-Schopp** is das met ner Tränke!
Im *Koffischopp* gibts Kaffee pur.
Anstatt aach *Schopp*e ausseschenke,
sin eher *Maffins* dort Kultur.

** Kuh- oder Schweineherberge*

Cold Call, kalter, also unerlaubter Anruf. Meist benutzen windige Geschäftsleute wohltrainierte Frauenstimmen, um mit unseriösen Angeboten jemanden hereinzulegen.

Kold Kohls

Es Telefon zur Unzeit rappelt,
Objekt vun der Begierde: ich.
E Fraa de *Kold* zieht, *Kohl* se babbelt,
doch eh die abdrickt, drick ich mich.

Comedy-Serie, Unterhaltungsreihe im Fernsehen (meist mit Applaus aus der Konserve); sehr im Aufwind sind Comedyanten.

Kommedie-Serie

Sie komme – bis se widder gehe.
Wie lang se bleiwe, waaß mer nie.
Mattscheiwenah vun fern sie sehe,
lässt rufe: „Guck, do *komme die*!"

Coming-out, das Öffentlichmachen von etwas, zunächst bezogen auf das Outing von Homosexuellen.

Kaming-aut

So ebbes aus sich raussezwänge,
was mer sich vorher nie getraut,
un gleich an die groß Glock se hänge:
e Leichdichkeit – dank *Kaming-aut*.

Commercial, Werbespot.

Kommärschel

Die Fernsehwerbung kammer nutze,
so wie e Mattscheib, wo voll Gries.
Komm, Ärschel, loss die Platt uns butze,
de Kopp machts frei un warm die Fieß.

Computer, programmgesteuerte, elektronische Rechenanlage.

Kompjuder

Die *Pud** saat iwwer ihn: „*Komm, Puder*,
mer haue in die Taschdadur,
domet das elektronisch Luder
was schaffe dut rund um die Uhr."

* *Pute*

Computerfreak, bedarf der Tätigkeit am PC wie der Nahrungsaufnahme.

Kompjuderfriek

Wer Appedit hot uff *Kompjuder*,
der lebt als *Friek* vun der Idee:
PC-Ragout un I-Mehl-Fudder
dezu *Kompjuder-Frik*assee.

Cookie, eigentlich Markierung im Computer, aber auch Bezeichnung für jemanden, der nach Wegmarkierungen Ausschau hält.

Business as usual, übliches Geschäft; Alltagstrott; gewöhnliche Routine.

launchen, ein Produkt auf den Markt bringen und bekannt machen.

Business Angel, Engel im Geschäftsleben.

Kuckie, Bissniss es juuschel, launschen, Bissniss Eenschel

Als *Kuckie* gucksche: Jo, do staunsche,
Bissniss es juuschel nennt mers heit,
un wo Geschäftsleit ebbes *launsche*
de *Bissniss Eenschel* was bedeit.

cool, alles, was toll ist.

trendy, voll im Trend liegend.

kuul, trendy

Was „in" is, is gewehnlich *trendy*,
weils mega-affegeil un *kuul*.
Wen trifft mer heit noch ohne Händy?
Etwa die Kinner in de Schul?

cool/kuul

Cool Wool, reisefreundliche Wolle, die sich nach dem Einkoffern nicht mit Knitterfalten rächt.

Kuul Wuul

Klamodde in die Eck se knalle,
das macht die meischde krumbelich.
Die *Kuul Wuul* dut das Manko schnalle:
Wer in de *Kuhl wuhl*t wunnert sich.*

** Wer in der Kuhle (muldenartige Vertiefung) wühlt, wundert sich, dass besagte Kleidungsstücke stets faltenfrei sind*

Countdown, das Rückwärtszählen der Sekunden vor dem Start.

Kaundaun

Was net verrinnt, geht scheibcheweise:
mer isst, mer trinkt – dann, allee proscht!
Dut *kaun*, ver*daun*, schickts uff die Reise,
de *Kaundaun* läuft, ab geht die Poscht!

Coverboy, räkelt sich wie das Covergirl auf Titelseiten von Illustrierten.

Kawwerboy

Als Kauboy* hot mer nix se kaue,
falls mer net fescht im Saddel sitscht.
De *Kawwerboy*, der strahlt ins Blaue
un kriet noch Geld, wann er geblitzt.

** Cowboy*

Crash, Kurssturz an der Börse; Autoaufprall. Als Crash-Kids bezeichnet man Jugendliche, deren gefährliches Hobby es ist, Autos zu stehlen und Unfälle zu bauen.

Kräsch

Hart will es Schicksal manchmol walde,
wer vun betroff is, guckt gedrickt:
In Hos un Jack die *Kräsch**, die Falde,
selbscht es Babier, es is geknickt.

** Mundartwort für Knitterfalte in Kleidungsstücken bzw. Knick im Papier*

Credibility, höchste Glaubwürdigkeit besitzen und immer wissen, was Sache ist. Wer beispielsweise Understatement („Andersteetment") besitzt, statt als Blender zu übertreiben, kriegt Credibility.

Kredibillidie

Dut sich e Mensch ner Bank verschreiwe
un nimmt *Kredi*t, weil *billi*ch *die*,
kann ihn in de Ruin das treiwe,
es Aus for *Kredibillidie*.

cruisen, ziellos mit dem Auto, aber auch zu Fuß unterwegs sein.

Cruising, einen Sexualpartner suchen.

kruusen, Kruusing

Wer nor dorumzieht, der dut *kruuse*,
hot er die Muße dodezu.
Beim *Kruusing* sucht er was zum Schmuse.
So kimmt de Mensch halt nie zur Ruh.

Cybertour, wer auf derselben ist, surft ohne festes Ziel durch die virtuelle Welt – es sei denn, er ist bei einem Chatroom-Flirt auf Cybersex aus.

Seibertour
Eh's Kindche plappert oder knabbert,
machts oft Geplärr – rund um die Uhr.
De *Seiber* läuft, weils alsfort sabbert,
mer seet: Es is uff *Seibertour**.

** wenn der Speichel („Seiber") aus dem Mund fließt*

Date, Verabredung, Treff, Termin.
Timer, elektronischer Zeitmesser; Zeitschaltuhr.
Notebook, (engl. „Notizbuch") kleiner Computer vom Format eines Buches.

Deet, Taimer, Noutbuuk
Wer deet net gern e *Deet* nodiere!
De *Taimer* is schun ganz gespannt,
aach's *Noutbuuk* will sich do net ziere –
hätt mer fors *Deet* wen an de Hand...

Daytrader, Tageshändler an der Börse, der Aktien in Sekundenschnelle handelt. Sieben von zehn Daytradern rutschen allerdings auf dem glatten Börsenparkett aus – ohne wieder auf die Beine zu kommen.

Deejtreeder
Die Börs gilt als gefährlich Plaschder,
weil das Parkett dort aarich glatt!
*Deejtreeder** spekuliern uff Zaschder –
wann das net kimmt, dann sin se platt.

** auch: „dee treeder" = den tritt er (bei einer Fehlspekulation)*

Deadline, Einsendeschluss; Termin.

Dädlein
Die *Dädlein* hot als *Lein* se gelde,
wo Schluss! seet, wann halt nix meh geht.
Verlängern *däd* die *Lein* mer selde,
weil se halt gern dodruff besteht.

dealen, mit Rauschgift handeln (durch einen Dealer).
Deal, Handel, Geschäft, Abmachung.
dielen, Diel
Wer *dielt*, weil er uffs Geld erpischt is,
uff schmalem Steg am Abgrund steht.
Dem, der wo uff-eme Gerischt* is,
verspricht e *Diel*** wie's sicher geht.

* *Wortspiel: Baugerüst – Gericht*

** *Wortspiel: Diele (begehbares Brett auf einem Baugerüst) – Deal bei Gericht (Abmachung)*

Designer, Gestalter von formgerechten und funktionalen Gebrauchs- und Verbrauchsgütern.
Dieseiner
*Die sein-ere**, wo ebbes mache,
was jo die Welt noch nie geseh!
Die komme uff die dollschde Sache –
e gut Idee is immer schee!

* *das sind welche*

Dinks, (**D**ouble **i**ncome **n**o **K**ids) Doppelverdiener ohne Kind.
Dings (Dabbel inkamm no Kids)
Wer kennt net Leit wie do die *Dings* do,
wo nix wie schaffe allebad,
doch schaffe sich debei koo *Dings* oo,
was e Verdienscht wär dridder Art.

Dinner, Abendessen, Festmahl.
Dinner
Selbscht vun em allerfeinschde *Dinner*
werd selde jemand rank un schlank,
macht so e *Dinner* doch nor *dinner*,
seet mer schun vorher: Vielen Dank!

Discountbroker, Billighändler an der Börse.
E-Commerce, elektronischer Handel via Internet.
Diskaundbrooker, I-Kommers
Was net ganz kooscher, is oft joker*,
das gilt aach bei em *I-Kommers*.
Selbscht die *Diskaunder* bei de *Brooker*
verkaafe nix umsunscht – schee wärs.
** teuer; wie „kooscher" = rein, geheuer, aus dem Jiddischen*

Dreamboy, Traumjunge.
Dreamgirl, Traummädchen.
Dreamteam, Traummannschaft, ideales Gespann.
Driemboy, Driemgörl, Driemtiem
De *Driemboy* un es *Driemgörl* basse
jo gut sesamme – wie mer denkt.
Doch dass die zwaa als *Driemtiem* Klasse,
vielleicht e Pärche? Echt geschenkt!

Drive-in-Service, findet man z.B. bei den Schnellrestaurants mit dem großen gelben M; hier können Autofahrer vom Fahrzeug aus ihr „Menü" bestellen und entgegennehmen.
Dreif-in-Servis
Die Zeit un alles dut uns treiwe,
mer is mobil bis dordenaus*.
De Essdisch an de Audoscheiwe:
D'Reif in Kon*serve is* e Schmaus.
** dort hinaus (grenzenlos)*

easy, was einfach scheint, wird easy gemacht.
light, leicht.
iesie, leit
Dank *iesie* is halt ebbes *iesisch*,
anstatt uff schwer steht mer uff *leit*.
Wer do net metmacht, der is spießich –
die Leit heit sin halt sooo gescheit!

E-Mail/I-Mehl

E-Mail, Nachrichtenaustausch von Computer zu Computer per Internet.
mailen, Tätigkeit des E-Mail-Benutzers.
Mailbox, Datei zur Speicherung und zum Austausch von Nachrichten.
I-Mehl, mehlen, Mehlbox
Net nor de Müller dut heit *mehle*,
die *Mehlbox* braucht koo Bäckerei,
per *I-Mehl* sich die Leit verzehle,
was geschdern reine Hexerei.

Entertainer, Unterhalter.

Entertainment, berufsmäßig gebotene leichte Unterhaltung.

Enterteener, Enterteenment

Wer nennt sich heit net *Enterteener* –
weil er wie *Ente teene* dut?
Doch ehrlich: Klingt das net veel scheener?
Aach *Enterteenment* macht sich gut.

Event, (einst gedacht für) besondere Veranstaltung; inzwischen jedes x-beliebige Ereignis.

Iwent

Iwent, Iwent, die Glocke klinge,
an Oschdern schun e Kerzje brennt,
an Pingschde „Stille Nacht" mer singe,
an Weihnachde: *Iwent, Iwent*!

Eyewear, Kleidung für die Augen in Form einer Modebrille.

Eiwär

Do guck nor! *Ei wer* is dann das do,
wo hinner dere Modebrill?
War die net sunscht e bissje blass do?
Ei wär se doch net gar so schrill!

Eyewear/Eiwär

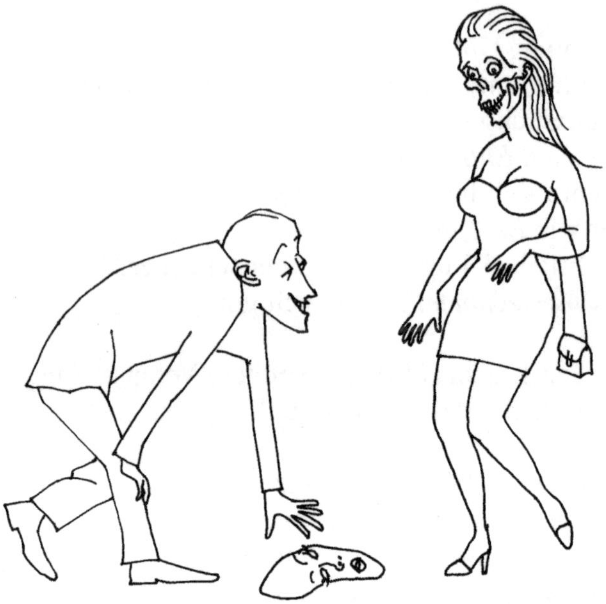

Facelifting/Feeslifting

Facelifting, sich mit Hilfe einer Gesichtsoperation ein neues jüngeres Aussehen geben, die Haut straffen.

Feeslifting

Es wachse met em Alder Falde –
mer hot jo net umsunscht gelebt.
*Feeslifting** hilft nei se gestalde,
wo mer e Scheingesicht erstrebt.

* *Ursprung ist Fez, die Hauptstadt von Marokko. Genau gesagt jener sagenumwobene Lift dort, welcher sich mit solcher Geschwindigkeit bewegt, dass sich beim Hochsausen die Haut bis unter die Fußnägel strafft und beim Herunterschnellen zu ewiger Jugend erstarrt – falls alles gut geht*

Factory Outlet Center, Markenartikel im Direktverkauf (ab Werk).
Fäkderie Autlet Sender
De Mensch vun heit? Gut, Goethe kennt er,
jo hot vielleicht vun dem geheert.
Doch im *Fäkderie Autlet Sender*
is er bewannert un gelehrt.

Fashion & Fitness, Mode und Fitsein.
Fäschen änd Fitness
Geht heit noch ebbes ohne *Fitness*
un *fäsche(l)n* à la Lagerfeld?
Selbscht Oma, Oba gehn zur Bittmess:
„*Fäschen änd Fitness* bittscheen, gelt!"

Fastfood, schnelles Essen; Abspeisung à la McDonald's.
Faastfuud
Ob bei Mäk Donnelds schnell *fascht fud*dern,
ob sunschtwo grad so abserviert,
statt esse so wie einst bei Muddern,
is faschde dort fascht wie diniert.

Fastfood/Faastfuud

Feature, Dokumentarbericht.
Fietscher
E *Fietscher* wollt es Fernseh mache
beim Senn in Oberammergau:
wie der es *Vieh* melkt un so Sache.
Die *Viehscher* streikte bei der Schau.

Feed-back, Rückmeldung.
Fied-bäck
Es wollt mol e *fid*ele *Bäck*er
die scheene Müllerin im Ort.
Soi Backform ging ihr uff de Wecker,
do isse ohne *Fied-bäck* fort.

Feeling, Gefühl.
Fiehling
Es *Fiehling* krawwelt gleich im Friehling
un dann im Summer in die Bruscht.
De Herbscht wär ohne das Ge*fiehlsding*
wie Winder – ohne Friehlingsluscht.

Fingerfood, Essen, das man mit den Fingern „verputzen" kann.
Fingerfuud
Mer kann aach met de Finger esse –
im Fritzje schmeckts dann doppelt gut –
wodruff die Modder kaum versesse:
„Bleibsche met doine *Finger fuurt**!"
**fort (alte Mundart)*

Firewall, Brandschutzmaßnahme an Computersystemen, um unerlaubte Zugriffe von außen zu verhindern.

Feierwohl

Wanns brenne dut, werds meischdens deier,
falls mer sich net vor Feier schitzt.
Doch bei ner gut versichert Scheier
rieft mancher: „*Feier wohl*!" wanns nitzt.

Fit forever, fit für immer.
sorry, tut mir leid; Verzeihung!
Everybody's Darling, ist überall beliebt.
clever, taktisch geschickt.
Goodwill, Wohlwollen, freundliche Gesinnung.

Fit forewwer, sorry, Ewribaadie's Daaling, klewwer, Gudwill

Wer is net liewer *fit forewwer**
statt – *sorry*! – abgespannt un mied!
Als *Ewribaadie's Daaling* – *klewwer*! –
mer met *Gudwill* die Leit bekniet.

** nicht: „fit for Ewwer" (fit für Eber)*

Fit for Fun, Titel einer Zeitschrift sowie Fernsehsendung.

Fit for Fan

Top*fit* ins Alder, es genieße
met Spaß am Well*fit** un dem Ziel:
Bei ihr dun junge Knospe sprieße,
un er werd *fit for Fan*-ny Hill!

** Kürzel aus Wellness & Fitness*

Flower-Power/Flauer-Pauer

Flower-Power, im Vergleich zum Emanzentum der 68er bevorzugen heutige Mädchen eher die Girliepower.

Flauer-Pauer

Soi Klaad, das bunde, werd als grauer,
soi Pfaueblick getriebt vum Star;
als lahmer alder *flauer Pauer**
macht er sich bei de Pfau-Dam rar.

* *männlicher Pfau (aus „Pau" wird „Pauer"), der die beste Zeit gesehen hat*

Flying Vinemaker, international operierende Wein-„Macher", die Verfahren importieren wollen, welche ihrem Namen gerecht werden.
international

Fleiing-Weinmäker, inderneeschenel

Als *Fleiing-Weinmäker* sie reise,
ganz *inderneeschenel* uff Zack,
jedoch net alles, was se preise
is immer jedermanns Geschmack.

Forty-Love-Cup, Vierzig-zu-Null-Pokal (von einer Sparkasse in deren Provinz ausgerufen).

For die Laffkapp

For wen un was is der Pokal do?
For Tennisspieler? Boaah, geil!
Weil er in dem spezielle Fall do
gar *for die Laffkapp** – dunnerkeil!

* *Der Pokal geht an eine Art „Nachtkappe", die „laff" (altes Mundartwort für schlapp) auf dem Tennisplatz steht. Wer das größte Stehvermögen besitzt und als letzter schlapp macht, gewinnt die „Laffkapp", einen Pokal im Form einer schlappen Batschkappe.*

Foul, sportliche Regelwidrigkeit.
foulen, den Gegner regelwidrig behindern.
Penalty, Strafstoß bei Ballsportarten.
Kicker, Fußballer.
Referee, Schiedsrichter.

Faul, faulen, Penaldie, Kicker, Referie

Dut mer beim *Faul* im Strafraum *faule*,
de Gegner e *Penaldie* kriet.
Do kenne *Kicker* noch so maule,
de *Referie* peift – wann ers sieht.

Freenet, (Tarif bei der Mobilcom) der Zugang zum Internet ist frei, nicht das Telefonieren.
Freecall, gebührenfrei telefonieren (Vorwahl 0800).
Frieh net, Friehkohl
Frieh net, heeschts do! Doch duts pressiere
un will mer frieh ins Inder*net*,
Friehkohl, umsunscht telefoniere,
seet die Gesellschaft: So *frieh net*!

Freestyle, freier Stil beim Skifahren.
Friehsteil
Wer will die gut alt Zeit net lowe,
wie kaum e Schilift wo parat.
Uff Schier gings *frieh steil** no owe,
do war mer frei – un schweißgebad.

** nach alter Melodie mit neuem Text zu singen: Im Friehsteil zu Tale... (nach: Im Frühtau zu Berge...)*

Free-TV, gebührenfreies Fernsehen.
Pay-Television, Bezahlfernsehen.
Pay per View, einzelne Sendungen gegen Gebühr.
Frie-Tiwi, Peey-Telewischen, Pey per Fju
Es *FrieTiwi*, das dut nix koschde,
Peey Telewischen geht ins Geld;
dank *Tellerwischen* un so Poschde
sich mancher *Peey per Fju* bestellt.

Freeware, Software zur freien Verwendung (im Gegensatz zur Shareware).
Friehwär
Frieh wär de Lade voll gewese,
hätts was umsunscht gebb, wie gedenkt.
Doch uff de Packung war se lese:
Mach was de willsch met! – Echt geschenkt.

Fullversion, Vollversion, komplette Aufnahme von Musikstücken; Darstellung von Computerprogrammen.

Fullwörschen

E Kneippkur werd gern missverstande
als wollts um Vollversion dort gehn.
So dut oft in de Kneip wer lande,
der kneippe sollt. – „*Full werschen* sehn!"*

* *Volltrunken wirst du ihn sehen!*

Future-Markt, Terminmarkt an der Börse.

FjutscherMarkt

De *Fjutscher-Markt** der hot soi Kunne,
aach wann die Börs metunner leer.
So mancher hot dort schun gefunne,
das gab er speeder nemmeh her.

* *Lange bevor das Geschehen auf dem Frankfurter Börsenparkett die Gemüter bewegte, prägte einst der „Fjutscher-Markt" das herbstliche Bild in den weingesegneten Breiten Rheinhessens. Vom Hunsrück strömten Lesehelferinnen und -helfer in die lieblichen Weindörfer und verwandelten mit den ortsansässigen Burschen und Mädchen die Gassen, Winkel und Weinkeller mit Einbruch der Dunkelheit in einen regelrechten „Fjutscher-Markt". Aus anfänglichem „Futscheln" wurde so manch handfeste Beziehung – bis hin zu lebenslänglich.*

Gang-Bang, (zu engl. gang = Bande und to bang = stoßen) bezeichnet heute das, was man in den 70er Jahren Gruppensex nannte.
Talk-Show, Unterhaltungssendung mit teilweise fragwürdigem Niveau.
Slang, (oft abwertend) nachlässige, saloppe Umgangssprache.

Gäng-Bäng, Tog-Schou, Släng

Was dun se heit in *Tog-Schous* prahle,
sich schenne im Fäkalie-*Släng,*
als *Gäng-Bäng* im Sexismus aale –
wo Quode locke, reiße Sträng.

Glamourgirl, raffiniert aufgemachtes Mädchen.

Klämmergörl

Sie *klämmert görl*ich sich an Männer,
die met dem korzsichdiche Blick.
Als ausgemachde Frauekenner
durchschaue die sofort den Trick...

Global-Player, international agierende Konzerne.

Globel-Pleejer

Die Welt verlangt no *Globel-Pleejer*,
domet die Weltachs met geschmiert.
Mer wägscht sesamme, kimmt sich näher,
weil iwwerall *global*lisiert*.

** bitte nicht als „klo-ball-isiert" missverstehen!*

Goal, Tor.

Gool

Als großer Europäer dacht er
an Friede schaffe, er, de *Gool**.
Met Adenauers Konrad macht er
es Door uff zu Europas Wohl.

** Gaulle, Charles de*

Green Card, macht die befristete Tätigkeit von Computer-Spezialisten, die kein EU-Bürger sind, in Deutschland möglich.

Blue Card, erlaubt auch in anderen Berufen fehlende Experten anzuwerben und für unbegrenzte Zeit zu beschäftigen.

Red Card, noch unbesetzte „rote Karte" für unser Bildungssystem; überhaupt bietet die Farbskala noch viele Möglichkeiten der „Kaaderei".

Grien Kaad, Blu Kaad, Red Kaad

Die *Grien-Kaad* is in aller Munde,
doch bringt se, was mer sich erhofft?
Schun macht die *Blu Kaad* druff die Runde.
Wars das? Die *Red Kaad* fehlt so oft...

groovy, toll, klasse.

happy, froh.

little, klein.

Party, zwangloses Fest.

great, groß, toll.

shit, Scheiße.

heavy, heftig (ein starkes Stück).

gruwie, häppi, liddel, Paadie, greeit, schitt, hewwie

Wo alles *gruwie*, is mer *häppi*,
e *liddel Paadie, greeit* was los!
E Bissche esse, so e *Häppi*,
nix *schitt* un *hewwie*, grandios!

Groovy Sound, rythmisch melodischer Klang, der sich auf das Publikum überträgt.
Charts-Topper, Hitlistenstürmer.
Hit, insbesondere ein erfolgreiches Musikstück.
Cross-over, Vermischung unterschiedlicher Musikstile.

Gruwie Saund, Charts-Topper, Hit, Kross-ower
E *gruwie Saund*, der bringt uff Toure,
Charts-Topper sin de große *Hit*.
Kross-ower, das gibts net als pure
un reine Klang, weils Tonverschnitt.

Handling, Bearbeitung, Handhabung.
handelbar, leicht in der Handhabung.
handeln, handhaben, gebrauchen. Vorsicht, Verwechslungsgefahr! Es kann sich auch um das deutsche Wort 'handeln' handeln.

Händling, händelbar, händeln
E Däumling soll de Daume schitze,
e *Händling* dient somet de Hand.
Was *händelbar* is, dut nor nitze,
hot der, wo *händelt* aach Verstand.

Handyaner, belästigt andere durch penetranten Einsatz des Mobiltelefones.

Händijaner
Sie sin mobiler wie Indjaner,
bewaffnet met em Telefon,
doch treffe halt so *Händijaner*
net iwwerall de rechde Ton.

Handyaner/Händijaner

Happening, Ereignis.
Häppening
„Du Babba, helf mer doch mol weider
met e paar Märk fors *Häppening*!"
„Die Märker sin grad ausgang, leider,
doch guck emol, ich *häb*'n *Penning*!"

Hardcore-Popband, die Härte ihrer Klänge ziehen den Rocksaum zusammen: Hardcore ist heute in der Szene Ausdruck für alles, was anstrengend und stressig ist.
Haardt-Chor-Popbänd
Sie dun sich *Haardt-Chor*-Popbänd* nenne
un mache *Haardt*-Rock, fetzich laut,
weil se so weiche Teen net kenne.
Wer was net kann, sich oft net traut.

** Chor aus der Pfälzer Haardt – von dem nur der Name blieb*

Headhunter/Hädhander

Headhunter, wirbt Führungskräfte ab und vermittelt diese, eine Art Kopfjäger.

Hädhander

Wen hädder gern? Na, gern *häd han der**
den Topmän do, die Spitzekraft.
Er winkt met Scheincher, de *Hädhander*,
biet Kopfgeld – was oft Wunner schafft.

* *hätte er ihn (in schlechtem Deutsch)*

Hearing, öffentliche Anhörung von Fachleuten.

Hiering

Es is e Kampf heit un e Ringe
um jede *Hering*, wo gefang.
Was hot de *Hering* vorsebringe?
„*Hie ring* ich jetzt schun lebenslang!"

Highlight, Ereignis, Höhepunkt, Glanzlicht.
Heileit
Heit gibts jo alleridd wo Feschtcher,
weil dauernd ebbes ingeweiht.
Selbscht vun de niedrigschde Podeschtcher
grießt mer es Volk un rieft: *Hei Leit!*

Highflyer, erfolgreich durchstartendes Unternehmen.
Speed, Geschwindigkeit; Spurt; auch: Droge.
Crew, Besatzung z.B. eines Flugzeuges.
Heifleier, Spied, Kru
Die Firma leet jo los, Mensch Meier!
E Tempo hot die druff, e *Spied*,
sie hebt grad ab wie e *Heifleier*,
die *Kru* is *hey*, de *Fleier* fliet*
** fliegt (ein Flyer ist ein Handzettel)*

Highschool, amerikanische höhere Schule.
Hightech, Hochtechnologie.
Highheels, Stöckelschuhe.
Highnoon, spannungsgeladene Atmosphäre.
Highlife, Hochstimmung, Ausgelassenheit.
Highfidelity, originalgetreue Tonwiedergabe.
Heiskuul, Heiteck, Heihiels, Heinun, Heileif, Heifidelledie
Ob *Heiskuul, Heiteck*: Alles Spitze!
die schun bei *Heihiels* ingebaut.
Heinun, Heileif, das bringt ins Schwitze,
bei *Heifidelledie* werds laut.

High-Society/Heiseseiedie

High-Society,
vornehme Gesellschaft;
die oberen Zehntausend.
Heiseseiedie
Met „*Hei, se seie die* da obe,
die feine Leut, die Hottwolee*;
die habbe doch längscht abgehobe",
so hallts dorchs Schwobeländele.
* *gesellschaftliche Oberschicht (franz. haute volée)*

Hitchhiker, fährt per Anhalter.
by the Way, übrigens; ganz nebenbei gesagt.
step by step, Schritt für Schritt.
Hitchhaiker, bei se Weej, step bei step
Hitchhaiker suche so zu reise,
dass *bei se Weej* sie metgenomm,
so *step bei step*, weil uff die Weise
is jo schun mancher weiderkomm.

Homebanking, Erledigung finanzeller Transaktionen
von zu Hause aus.
Hoombänking
Hoombänking is jo was bequemes:
Mer hockt de*hoom* wo uff de *Bank*
un schickt de *Bank* was ihr Genehmes,
wo immer knapp. De *Bank* sei Dank.

Homepage, Internet-Startseite auf der sich eine Firma, Institution oder ähnliches vorstellt.

Hoompeeitsch

Die *Hoompeeitsch* is heit unverzichtbar,
stellt mer im Indernet sich vor.
Die *Hoompeitsch** frieher hing gut sichtbar
als Drohung oft gleich hinnerm Dor.

* *Peitsche in Heim und Stall, heute nur noch selten vorzufinden*

Hopping, der Erlebniskonsument hoppt von einem Ereignis zum nächsten, z. B. von einer Party zur anderen (am gleichen Abend!), aber auch von einem Arzt zum nächsten.

Hopping

Wer nix versäume will, macht *Hopping*,
uff deitsch gesaat: Er *hoppt* un *hoppt**
vum Wellnessbad direkt zum Schopping,
met 80 werd er dann gestoppt.**

* *hüpft („hoppen" ist ein altes Mundartwort)*

** *ob im 80-sten Lebensjahr oder bei Tempo 80 in geschlossener Ortschaft...*

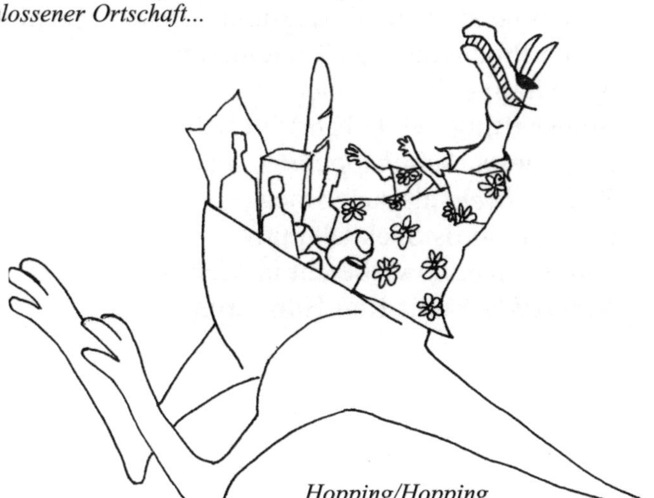

Hopping/Hopping

Hotline, Telefonanschluss für rasche Dienstleistungen.
Hottlein
Die *Hottlein** schafft die schnellscht Verbindung
un reißt aus em gewohnte Trott.
Mer hält se for e nei Erfindung,
doch schun die Fuhrmanns-*Lein* seet: *hott*!

* *Leine (Zügel) mit der man dem Zugtier „hott!" = nach rechts! befiehlt; der „heiße Draht" des Kutschers.*

Hotpants, kurze, eng anliegende Hose (jetzt im Denimlook mit viel Sexappeal).
Sexappeal, starke erotische Anziehungskraft.
Hotpäns, Sexepiel
Die Mode kimmt un geht, kehrt widder:
voll *Sexepiel*, dann Firlefänz.
Wo geschdern nix, hängt morje Flidder;
wer dann noch Kinner kriet, *hot Päns**.

* *Kinder (von franz. panse)*

Hype-Event, Medienspektakel mit rein kommerziellem Hintergrund (Hype = Hochjubeln von Produkten oder Ereignissen).
Snowhappening, Schneeereignis.
Snowrafting, wilde Fahrt im Schnee.
Heip-Iwent, Snouhäppening, Snouräfding
E *Heip-Iwent* als super-mega
un giga mords Spekdakulum:
Snouhäppening vielleicht in Mekka!
Snouräfding ums Kap Horn erum!

I love you, ich liebe dich.
Single, jemand, der allein, ohne Bindung an einen Partner lebt.
clean, sauber, rein, drogenfrei.
Spleen, Schrulle, Marotte.
Jingle, kurze, einprägsame Melodie.
Mc. Clean, Bahnhofsklo der Deutschen Bahn AG (sauber!).

Ei laff ju, Singel, klien, Splien, Dschingel, Mäck Klien

Mer seet: *Ei laff ju*! un bleibt *Singel*,
is besser *klien* un ohne *Splien*,
un heert mer heit als wo e *Dschingel*,
dann hockt vielleicht wer uff *Mäck Klien*.*

* *wo der auf dem neu benannten Bahnhofsörtchen Sitzende eine bekannte Melodie summt oder sonstige Laute von sich gibt*

Indoor-Streetball, („Turnier für Kids" heißt es im Amtsblatt) Straßenbasketball in der Halle – eigentlich ein Widerspruch in sich. Aber darauf kommt es dann ja auch nicht mehr an.
Streetball and more, Werbeslogan für ein Straßen-Basketballturnier, welches für die „Kids" noch „einiges mehr" an Attraktionen zu bieten hat.

Indoor-Strietbool, Strietbool änd moor

Is *Indoor-Strietbool* nix for Kinner,
Strietbool änd moor nor was for Kids?
Was steckt bei alledem dehinner,
wann deitsch als Zukunftssprach e Witz?

Inlineskates, Rollschuhe mit hintereinander angeordneten Rollen für Skater; auf Frankfurts Straßen findet speziell für sie ein **Tuesday Night Skating** als abendliches Massenereignis statt. In anderen Städten gibt es ähnliche Bestrebungen.

Inleinskeets, Skeeder, Tusdee Neid Skeeding

Met *Inleinskeets* do mache Skeeder
beim *Tusdee Neid Skeeding* jetzt Jachd
uff 32 Kilomeder
dorch Frankfurt, dass die Schwaade kracht!

Insider, kennt die Dinge von innen her; Eingeweihter.

Inseider

Inseider wisse stets bescheider,
weil se *in Seide** ingeweiht
vun dene nor e Ingeweider
de Stoff kennt vun de Inneseit.

* *Seiten*

Insider/Inseider

Interdate, Zwischenzeit.

Inderdeet

Dut mer beim Esse iwwertreiwe
un isst in jeder Zwischezeit:
Oh! *In der deet* ich stecke bleiwe –
zum Glick do is die Hos schee weit!

Internet, weltweites Computernetzwerk.
Indernet
Was hot mer dann nor geje Inder,
so wie es um Kompjuder geht?
Bei Kinner schun heert mer net minder
vun frieh bis speet nor: *Inder net*!

Jobsharing, Aufteilung eines Vollarbeitsplatzes
in zwei oder mehrere.
Full-Time-Job, Ganztagsstellung.
Schoppschering, Full-Teim-Schopp
Beim Glatzkopp is jo nix se mache:
Schopp Schering bei em Figaro. –
E *Full-Teim-Schopp* wär echt zum Lache:
*Schopp schere**, wo koo Häärche do!

** Schopf scheren (Haare schneiden)*

Joint-Venture-Capital, Kapital zur Zusammenarbeit
mit einer anderen Firma.
Schoint-Wennscher-Käbiddel
„Die Firma dort is werklich Klasse,
mir *schoint*, *wennscher kä Biddel* schickst*,
klappt das, weil mer sesammebasse:
Die han es Geld un meer han nix."

** mir scheint, wenn du ihr keinen Büttel schickst. – Es sollte ein sachverständiger Unterhändler geschickt werden. Der Büttel, ehemals Gerichts- später auch Gemeindediener und Schutzmann, machte seinem Namen als "Meenzer Biddel" schließlich nicht immer alle Ehre. Mögen auch Spöttelei und Lästern noch anzutreffen sein, gebraucht man die Bezeichnung heute mehr als Kose- oder Spitzname.*

Just in Time, Minimierung der Lagerhaltung durch Optimierung des Unternehmens von der Produktion bis zur Auslieferung einer Ware.

Schasst in Teim

Do wo's ins Geld geht, muss mer spare
met *Schasst in Teim*, simsalabim!
Je no Bedarf sin Liebespaare
spontan genau so *just intim**.

** bedürfnisgerecht reagieren (seltener Fall, da mit „just intim" die Schriftsprache benutzt wird)*

Key Account Manager, kümmert sich um Werbung und Pflege von Kunden; mittlerweile benutzt man den Begriff selbst für den Chef einer Drückerkolonne (Allgemeine Zeitung Mainz).

Kieh Äckaund Mänätscher

Wer werd net alles – ohne Wisse! –
Kieh Äckaund Mänätscher geschennt!
Der *mänätscht*, aach wanns schee beschisse,
Kieh uff de *Äcker* – voll im Trend!

Kiddie-Chic, Babykleidung.

Kiddie-Schick

Schun Beebys schmeißt mer in Klamodde,
wo koons koo Ricksicht nimmt dodruff!
Die Modder kriet do grad die Modde:
„Komm *Kiddie, schick* dich un bass uff!"

Kids, Kinder; asoziale Großstadt-Straßenkinder in den USA.

Kids

Vun Reh un Gaaß* die Junge kennt mer
seits oom gedenke dut als *Kitz*.
Ei Menschenskind, warum nor nennt mer
dich heit wie's Gaaßekind, potz Blitz!

** Geiß (weibliche Ziege)*

Kickboard, Kombination aus Skateboard und Tretroller mit schmaler Stehfläche und Bremse.

Kickboord

Als Trittbrettfahrer uff-em Roller,
em *Kickboord*, flitze heit die Leit –
je oller manchmol deschdo doller –
wie meer in unsrer Kinnerzeit.

Klonschaf, im Labor gezeugt und von einem Ammentier ausgetragen.

Klonschaf

Es *Klonschaf* Dolly kennt jo jeder,
es *Klon*kalb Uschi kam bald druff,
deno die *Klon*sau ebbes speeder –
zu was macht sich de Mensch noch uff?

Klonschaf/Klonschaf

Knitwear, Strickware.
Knittwär
E Mensch bestimmt net hochbeglickt is,
freet mern: Wie kimmsch dann du doher!?
Nor weil soi Puli falsch gestrickt is –
un deshalb so ver*knitt*ert *wär*.

Know-how, Wissen um die praktische Verwirklichung oder Anwendung einer Sache.
Nou-hau
Die Schwobe sin halt schwäbisch fleißich
un alde Tüftler ohne Ruh,
sie schaffe, spare un sin geizich,
doch net wanns gilt: *Nou hau* scho zu!

Label, Marke, Etikett eines Modedesigners oder -herstellers auf Kleidungsstücken.
Level, erreichtes Niveau, Stufe, Rang.
Leebel, Lewwel
Sie gucke ganz uff Mode*leebel*
die junge Leit heit – liewe Zeit!
Weit iwwerm finanzielle *Lewwel*
rangschiert oft die Begehrlichkeit.

Last, but not least, in der Reihenfolge zuletzt, dabei nicht in der Bedeutung; der letzte, aber nicht das „letzte".
Recycling, Wiederverwertung.
Oldtimer, altes, gut gepflegtes Auto.
Youngster, Bursche, Junge.
Baby, Säugling; 'Schatz'.
Clown, Spaßmacher.
How do you do, (formelle Begrüßung) wie geht's?
black out, Erinnerungslücken; kurzer Funktionsausfall.

keep smiling, nimm's leicht; immer nur lächeln.
please, bitte.
thank you, danke.
Service-Team, Dienstleister, Helfer.
sit down!, setz' dich!
Last batt not liest, Riseikling, Oldteimer, Jangster, Beebie, Klaun, hau du ju du, bläck aut, kiep smeiling, plies, sänk ju, Servis-Tiem, sit daun!
Last batt not liest: Mer kennt *Riseikling,*
Oldteimer, Jangster, Beebie, Klaun,
hau du ju du, bläck aut, kiep smeiling,
plies, sänk ju, Servis-Tiem, sit daun!

Last-Minute-Reise, verbilligt angebotene, kurzfristig anzutretende Reise. Last-Minute gibt es mittlerweile fast überall, wo in letzter Minute zugegriffen werden kann.
Lasst-Minnit-Reise
Stroßseufzer: „*Lasst mi nit mitreise*?" -
Zum Glick war noch e Plätzje frei.
Jetzt kreise* se, wo dank de Preise
bei *Lasst-mi-mit-reise* debei.

* *im Flugzeug, das – zur Freude der darunter Wohnenden – Warteschleifen zieht.*

Leader, Spitzenreiter (beim Sport).
Lieder
Em Siegertyp steckts in de Glieder,
er war schun Spitze als e Kind.
Die Schlachdebummler singe *Lieder*,
wann er in ooner Tour* gewinnt.

* *Wortspiel: ununterbrochen – Etappensieg (z.B. bei der Tour de France)*

Leading Lady, Hauptdarstellerin in Film, Fernsehen und Theater; männliches Gegenstück ist der Leading Man.

Lieding Leedy

Ihr Kinschtlernome *Lied-Ding-Lee-Dy*
hot se dereinscht in China kriet.
Ihrm Partner *Lie-Ding* rieft se: „*Lee di**!"
wie der soi Filmroll annerscht sieht.

* *Lie-Ding (Lügenkerl), lee di! (lege dich hin!) rief die berühmte Filmdiva von der Chinesischen Mauer ihrem Filmpartner zu. Er war nur mit einer Nebenrolle bekleidet und gerade dabei in eine andere, nicht für ihn zugeschnittene Rolle zu schlüpfen, womit er sich eine weitere Blöße gegeben hätte.*

Lean Production, Verschlankung der Herstellung mit dem Ziel, kostengünstiger zu produzieren; auch abspecken einer aufgeblähten Verwaltung.

Lien Prodaktschen

Mer dut gern *Lien Prodaktschen* nenne,
wanns wem wo an de Krage geht.
Doch schwer fällts sich vun was se trenne,
wo die Verwaldung uffgebläht.

Lifestyle, Lebensstil.
Online Broking, Wertpapierhandel über das Internet.
Bluechip, Aktie erster Klasse in bezug auf Bonität und Rendite.
Greenshoe, Nachschlag von Aktien.
Floater, (Free rate notes) Anleihen mit einer regelmäßigen Zinsanpassung statt eines starren Zinssatzes.

Leifsteil, Onlein Broking, Bluschipp, Grienschuh, Flouder

De *Leifsteil* ännert sich im Lewe,
seits *Onlein Broking* gewwe dut.
No *Bluschipps* dut die Welt heit strewe,
Grienschuh un *Flouder* find mer gut.

Location, Örtlichkeit, Lokalität; Filmdrehort im Freien.

Lokäschen

Wie uffem Hunsrick noch die Amis
in Lautzehause in de Bars,
han dort die Dame, fern de Mammis
geruf: „*Lo käschen*!", hatt der Bar's.*

* *Das Wesen der Animierdamen von Lautzenhausen und Sohren im Hunsrück wurde einer breiten Öffentlichkeit bekannt durch den Film „Schwarzer Kies". „Lo käschen!" = Da fange ihn ein! riefen sich die holden Weiblichkeiten zu, wenn ein mit „Käsch" (Barem) bewaffneter amerikanischer Soldat oder ein verirrter deutscher Zivilist ihr Lokal betrat.*

Look, Aussehen.

Lug

Guck hie, betracht ders, jo *lug* anne*,
was die Nadur doch for e Pracht!
De liewe Gott saat: volle Kanne!
Deno hot er de Mensch gemacht.

* *schau her; „Lug-ins-Land" heißt ein Turm in der Wormser Stadtmauer.*

Lounge, Wartehalle, Foyer, Hotelhalle.
Laundsch
Wer in de *Laundsch* kimmt, ei der staunt jo,
wen er do manchmol alles sieht;
sperrt er die Ohre uff un *launscht* do,
er allerhand se heere kriet.

Lover, Liebhaber.
Laffer
Die Leit wo glotze nennt mer Gaffer.
Macht jemand schlapp, dann isser *laff**,
was jo bedeit, dass so e *Laffer*
e Schlappschwanz is un macht de Aff?
** altes Mundartwort für schlapp*

Lucky-Loser, glücklicher Verlierer.
Lacki-Luser
Mer kennt Gewinner, Helde, Schmuser,
doch kaum Verlierer, die noch froh
wie unser Freund, de *Lacki-Luser*. –
Wann der gewinnt, wie strahlt-ern do?

Macho, Kraft- oder Sexprotz, der als einziger von sich überzeugt ist...
dirty Words, schmutzige Wörter zu denen Machos greifen.
Matscho, dördie Wörds
Als Matscho kammer nor bestehe,
verhält mer sich net zimperlich
un dut stets in die Volle gehe,
rieft: „*Dör die wörds**!" un schnappt se sich.
** aus Österreich: „Da die wird es!"*

dirty words

Mainstream, wenn sich ein Trend zum Massenphänomen entwickelt.
mainstreamig, trifft den Geschmack der Masse.
Meeinstriem, meeinstriemig
De *Meeinstriem* wie de Mainstrom fließe
als Masse an de diefschde Punkt,
meeinstriemig sie sich dann ergieße
im Meer – wo mer se besser dunkt.*

* *allein die optische Schönheit von „mainstreamig" hat ein Bad im Meer verdient, wo es am tiefsten ist*

Master, Herr, Meister, Lehrer.
Major-Turnier, Turnier der Besten.
Maaster, Meetscher-Turnier
Es sat de Lehrbub iwwern *Maaster*:
„Ich mach beim *Meetscher-Turnier* met,
un werr ich *Maaster* bei de *Maasters*,
warn Sie moi *Maaster* – was gewett!*"

* *der Azubi (aus dem Mainzer Raum) eröffnet seinem Meister, dass er beim Gewinn eines Grand-Slam-Tennisturnieres, den Masters, seine Lehre sofort abbrechen wird.*

Matchwinner/Mätschwinner

Matchwinner, Spielgewinner.
Mätschwinner
Gewinner sin vor allem Kinner,
wann Schnee fällt un gibts dodruff *Matsch*.
Matsch do, *Matsch* dort, in *Mätsches Winner**
sin Kinner, mache se jetzt: Quatsch!
* *sich in Matsch Windende*

Meeting, Treffen.
Mietding
Vermieder oft die Mieder treffe,
genau so isses umgekehrt;
meischt dut e *Mietding* es betreffe,
wodriwwer mer sich dann beschwert.

Message, Mitteilung, Nachricht, Botschaft.
Messitsch
Warum soll mer noch Nachricht nenne,
was mer als *Messitsch* schicke dut?
Doch wann die Leit das Wort all kenne,
zieht mer e neies aus em Hut.

Miles & More, Vielfliegerprogramm der Lufthansa.
Meils änd Moor
Flugkäpten *Meils* fliegt oft die Strecke
vun Lüneburg bis Baldimoor.
Wann sen vergesse uffsewecke,
land Käpten *Meils* am *End* im *Moor*.

Mobbing, einen Mitmenschen ständig quälen, schikanieren, mobben.
Mobbing
Es *Mobbing* hot aach gude Seide,
gehts weich un sanft zu anstatt grob.
E Fussel – wer kann die schun leide? –
sich aus em Staub macht, dank em *Mob*.

Mobifinder, Kunstwort aus Mobiltelefon und engl. finder = finden; dient z.B. zum Aufspüren unerlaubt eingeschalteter Handys in Flugzeugen.
Mobifeinder
Walfänger, das sin *Mobifeinde*,
sie mache Jagd uff *Moby* Dick.
In de Walhalla* warne Freunde
dank em *Mobi*lfunk, was ihr Glick!

* *Götterdämmerung für Wale*

Monopoly, Spiel um Geld.
Monopoly
Bei Toto, Lotto un bar Kohly,
do spekuliert mer uff Gewinn,
genauso wie beim *Mo-no-Poly**,
wo Audoschiewerei de Sinn.

* *mal nach Polen (der Alptraum eines Autos schlechthin)*

Movie, Film; das neudeutsche Wort ist weder treffender und schon gar nicht kürzer (Silbenverdoppelung).
up to date, zeitgemäß, auf dem neuesten Stand.
Muhwie, abtudeet
Ob Zeidung, Radjo, Fernsehsender:
Statt Film is *Muhwie abtudeet.*
Die Kuh macht *muh wie* all die Spender
vun Laude, wo koo Hahn no kräht...

Nemax All Share, Neuer Markt an der Börse.
Neemax oll Scher
De *Max*, der alde Schereschleifer
wollt an die Börse – als AG!!!
Soi Fraa, entsetzt vun so veel Eifer:
„*Nee Max, oll' Scher*kopp – Schnapsidee!"

Netchopper, eine Möbelinnovation für die Tätigkeit am Bildschirm.
Netschopper
Netschopper dun *net Schoppe* blose*,
sie sörfe met dem Ziel zum Maß:
Remisjer, Piffcher, Halwe, wo se,
innovativ, de Woi im Glas.

* *statt Schoppen „blasen" = tüchtig trinken, lieber öfter die kleineren Weinmaße mit Gutem füllen*

Newbie, (aus engl. new boy) nervt als Neuling im Internet andere mit seiner Fragerei, wobei er seine Unkenntnis gerne unter Beweis stellt.
Luser, (Kompositum aus engl. loser = Verlierer und engl. user = Benutzer) augenfällig orientierungslos und unwissend beim Herumirren im Internet.
DAU, (Abkürzung für: **d**ümmster **a**nzunehmender **U**ser) die Anlehnung an GAU (größter anzunehmender Unfall) geschieht nicht zufällig, ist aber noch steigerungsfähig mit HAU (hirnamputierter User). – Schon hat sich damit der Kreis geschlossen und wir sind bei der Mundart angelangt: Einen „Hau" haben, also nicht ganz richtig im Kopf sein (von: hauen), ist ein Begriff im Volksmund, bevor das Trend- und Szenevölkchen darauf kam.

Njubie, Luser, DAU
De Lehrling schennt mer heit Azubi,
die *Luser* jo am liebschde *DAU*;
net hoch im Kurs steht aach de *Njubie*:
So dumm macht mer sich halt net schlau.

Newcomer, hoffnungsvoller Neuling.

Njukammer
Nu kammer werklich graduliere,
dut so e junge Springinsfeld
sich an die Spitz kadapuldiere:
Nu-kammer!-Leit*, die braucht die Welt.

* *Nun-kann-man!-Leute sind unternehmungsfreudig*

Nightwear, Nachthemd, Schlafanzug.
Shorty, Damenschlafanzug mit kurzer Hose.
Neidwär, Schordie
Wann alle Welt stets ohne *Neid wär*,
wär jeder nachts dann allem bloß?
Un gäbs koo *Schordi*, so wie seither,
was wär mer, wo koo *Neid wär*, los?

Offroad-Inline-Skates, haben speziell große, luftbereifte Rollen zur besseren Abfederung in unebenem Gelände.
Body-Bag, moderne Tragetasche (statt Rucksack).
Walkmann, tragbarer Kassettenrekorder mit Kopfhörern.
Offroud-Inlein-Skeets, Boddie-Bägg, Wokmän
Met *Offroud-Inlein-Skeets* uff Achse,
em *Boddie-Bägg* – statt Rucksack – klor!
E *Wokmän* noch for junge Dachse,
die gern e kloone Mann im Ohr.

One-Night-Stand, flüchtiges sexuelles Abenteuer.
Secondhand, aus zweiter Hand, gebraucht.
Wonn-Neid-Ständ, Seckendhänd
Wonn-Neid-Ständ, das sin Marktplatzbude,
wo *Wonn* de *Neid* erregt an *Ständ*,
wo mer vun blose un vun tude
halt veel versteht, weil: *Seckenhänd*.

Online-Shopping, Einkauf per EDV.
Onlein-Schopping
Statt in de *Schopping-Sender* laafe,
bind mer de Partner *on Lein* fescht
un kann so *on-Lein-Schopping* kaafe –
solang der immer dofor blecht.

One-Night-Stand/Wonn-Neid-Ständ

Openair(festival), im Freien stattfindende Großveranstaltung.
very, sehr, äußerst.
open end, ohne zeitlich festgesetztes Ende.
Openär, werrie, open end
Beim *Openär* is mer im Freie,
was *werrie* gut, wanns trocke bleibt.
No'm *open end* frieh uffsesteie*,
is nix wo irgendjemand treibt.

* *nach einer Veranstaltung, bei der es spät wurde, früh aufzustehen*

Operator, bedient die elektronische Datenverarbeitungsanlage (EDV); wer die Auskunft der deutschen Telekom anwählt, wird einem „Operator" zugeleitet – ein verständlicheres deutsches Wort wurde „operativ" entfernt.

Opereeider

Mer werd jo scheinbar immer bleeder,
versteht die Auskunft schun net meh!
Die Telekom hot *Opereeider*,
mer *opereeidert* dort – wie schee!

outdoor, draußen, unter freiem Himmel.

autdoor

Wer drauß vorm *Door* steht, der is *autdoor*,
wer in de Stubb hockt, der is drin.
Vun drin bedient sich aach de *Autor*
un lässt vors *Door*, fällt em was in.

outen, offen etwas von sich zugeben.

auten

Wann Zeitgenosse sich verschließe,
guckt mer schwer hinner ihr Gesicht.
Sich ausdun*, *aute*, seelstriptiese,
nennt mer *auten*discher Bericht.

* *ausziehen*

Outfit, Ausstattung, Kleidung.

Autfit

Das *fit* sein *aut* wär? Nie un nimmer!
e geiles *Autfit*, das is in!
Aach wann dehinner net e Schimmer
vun ebbes, do wo ebbes drin.

Output, was schlussendlich an Leistung oder Ertrag herauskommt.
Autputt
E Kind, das werkelt gern im Stille,
stets voll Entdeckergeist un Mut,
hot Energie un aach de Wille,
dass was bei rauskimmt: „*Auto putt*!"

Outsourcing, Verlagerung von bestimmten Aufgaben oder der Produktion außer Haus.
Autsursing
Im Hof stand frieher so manch Haisje –
e Herzje in die Dier geschnitzt –
Autsursing war dann dort es Paisje
bei dem mer produktiv do sitzt.*

* *fehlende Kanalisation machte die Verlagerung naturgegebener Produktionen außer Haus unumgänglich – man denke nur an die Duftproduktion*

overdressed, des Guten zu viel tun und unpassend angezogen sein.
underdressed, nicht schick genug auf Feiern erscheinen.
owerdressd, anderdressd
Beim Klassetreffe wars wie immer:
„Marieche, *o wer dressd* sich so!" –
De Hannes, wie gewohnt noch schlimmer
ganz *anders dressd* – wie selichmo.

P+R (Park and Ride), Hinweis vor Bahnhöfen auf die Parkmöglichkeit für Bahnbenutzer.

Park änd Reid

Is *P+R* Pinkeln for Reider?
Heeschts Politesse-Rinderwahn? –
Iwo! *Park end*lich un *reid* weider
mem Dampfross vun de Eisebahn!

Pacemaker, bestimmt Gangart und Tempo bei einem Rennen.

Peesmeeker

Jed Karawan zieht so gemächlich
als wie es langsamsde Kamel.
*Peesmeeker** renne jo ursächlich,
domet se em Kamel zu schnell.

* *seine Aufgabe ist nicht sich der Gangart des langsamsten Kameles anzupassen, sondern ihm Beine zu machen*

pampern, verhätscheln von Stars.

pämpern

Kaum sin die Pämpers iwwerflissich,
schun is uffs *pämpern* mer erpischt:
Es jung Gemies, noch grien un schmissich –
verknallt! – schun widder net ganz dicht.

Party-Line, telefonischer Gemeinschaftsanschluss.

Paadie-Lein

Uff *Paadies* treffe sich als Pärcher,
do denkt mer manchmol: Oh, herein!
Er schäkert rum, verzehlt ihr Märcher,
sie nimmt en an die *Paadie-Lein**.

* *kurze Leine an der Partner bei einer Party gehalten werden*

Patchwork-Familie/Pättschwörk-Familie

Patchwork-Familie, aus verschiedenen Lebensgemeinschaften zusammengewürfelte (-geflickte) Familie (Patchwork bezeichnet ursprünglich einen aus bunten Flicken zusammengesetzten Stoff). – Gibt es schon die Patchwork-Sprache? überschrieb eine Zeitung den Artikel zu einer Lesung des Autors.

Pättschwörk-Familie
Wen suche, finne, Kinner krieje,
sich scheide losse un querbeet
met annere sesammeziehe:
Pättschwörk-Familie – wie geneht*.

* *genäht*

Performance, künstlerische Aktion; Wertzuwachs des Vermögens.

Performänns

*Performänns** liebe die Romanze
statt ner Emanze, was net schwer.
Sie liebe scheene *Performanze*,
weil das erodischer halt wär.

** Männer mit Vorliebe für eine ertragreiche Geldanlage*

Piercing, das Durchbohren oder Durchsstechen der Haut zur Anbringung von Metallteilen.

Piersing

Pier Sing, die Landungsbrick zum Kittche,
bekannt-berüchtigt als *Sing-Sing*;
in Kedde leet mer dort manch Flittche,
im Hof geht mer am Noosering*

** Nasenring*

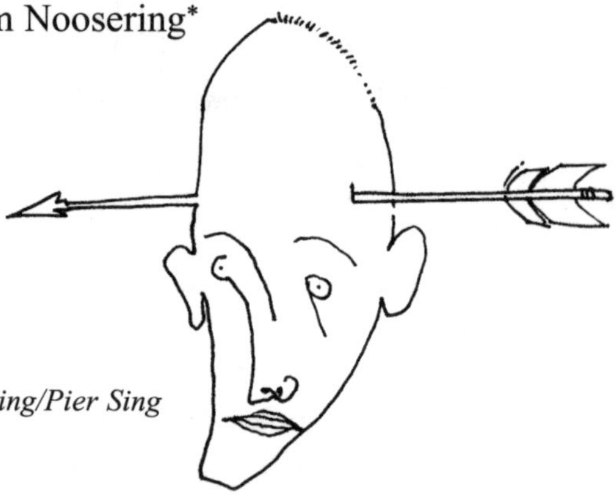

Piercing/Pier Sing

Point of Sale, optimaler Standort für eine Ware im Verkaufsregal.

Point of Seel

Die *Seel* in de Geschäftsregale,
de beschde Platz, das is die Stell,
wo Lieferande veel bezahle
un Umsatz mache: *Point of Seel*.

Pole Position/Pol Posischen

Pole Position, erste Startreihe beim Autorennen;
allgemein: bester Startplatz.

Pol Posischen

Drei *Pole*, die sin schnell gefunne,
weils Endpunkte der Erdachs sin:
de Nordpol owwe, Südpol unne,
de *Pol: Po siehschen**? midde drin.

** der Pol: Po, siehst du ihn? (auf dem man sitzt)*

Pool, Schwimmbecken
(Kurzform von Swimming-Pool).

Puhl

Mer kann bestimmt in manchem schwimme:
in Geld, in Schulde, in de Schul.
Doch Herrschaft Zeide, will das stimme?
Heit schwimme gar die Leit im *Puhl**!

**Jauche*

Pool/Puhl

posen, posieren, z.B. vor der Kamera.
pousen
Es scheint jetzt Schluss met em posiere –
obwohl das so possierlich klingt.
Mer dut mem Englische pussiere
un *pouse*. Ob das weiderbringt?

Profiler, (Fernsehserie) erstellt ein Profilbild von Kriminellen; deutsche Kriminalbeamte sehen sich lieber als Analysten.
Profeiler
Soi Kinschtlernome is *Profeiler*,
soi Ausbruchsmoschder jeder kennt:
Dorchsägt die Gidderstäb met *Feile*,
pro Feiler werd er drum genennt.

Promoter, Veranstalter.
Cross Promotion, gegenseitig für sich werben (eine Firma für die andere).
Lotion, flüssiges Kosmetikum.
Promoder, Kross Promooschen, Looschen
Promoder mache *Kross Promooschen*,
sie werbe knusperknackich *kross*.
Lotion is aut, das heescht heit *Looschen* –
bis mer ins Russische verschoss?

Provider, Firma, die Privatpersonen den Zugang zum Internet ermöglicht.
Image, Vorstellung, (positives) Bild.
Proweider, Immitsch
Heit nennt manch Firma sich *Proweider*,
wo in die Zukunft wirke dut.
Pro weider komme schafft zwar Neider,
doch isses for es *Immitsch* gut.

pushen, drängeln, antreiben.
puschen
Es sin die Nulle un die Lusche,
die nix wie drängele: husch, husch!
Als Spezialischde, wo nor *pusche*
do mache *Puscher* nix wie *Pusch**.
* *Pfusch*

Puts, Verkaufsoptionen im Börsengeschäft.
Puts
E Hinkel, das is richdich *puts*ich,
es macht *put, put*! un is beglickt,
weil dank em Gockel, dem nixnutzich
die Hinkelsperch ganz *puts**-verrickt.
* *glückliche Hühnerlaute*

Racket, Tennisschläger; Verbrecherbande in Amerika.
Recket
Mem Tennisschläger Bäll ver-schlaae
kann jeder, der wo Tennis spielt.
Muss mer bei *Recket* demno saae:
ver-*recket*? hot mer schlecht gezielt.

Rapper, jemand der rappt, weil er einen Rap (schneller, rhythmischer Sprechgesang in der Popmusik) singt oder spielt.
Räpper
E alde Gaul kennt mer als Klepper,
wo ohne Mussik is un Schwung;
ganz annerschder fiehlt sich de *Räpper*:
Ich *räppe*, also bin ich – jung.

Rave-Party, Techno-Musik mit Massensuggestion.
Raver, tummelt sich auf Rave-Partys.
Lover, Liebespartner.
Loveparade, Umzug der Raver (die Berliner „Laffpareed" ist die größte „Reeif-Paadie" der Welt).
Lovepangs, Liebesqualen.
Safersex, „sicherer Sex".
Lovestory, (sentimentale) Liebesgeschichte.
Reeif-Paadie, Reeifer, Laffer, Laffpareed, Laffpäins, Seefersex, Laffstorrie

Ob uff ner *Reeif-Paadie* als *Reeifer*,
als *Laffer* bei de *Laffpareed* –
bei *Laffpäins* kimmt mer ohne *Seefer-*
sex aus, die *Laffstorrie* nor fehlt.

Realityshow, z.B. „Big Brother".
Real-Live-Meeting, echte, wirkliche Begegnung.
Cyberspace, virtuelle Landschaft, digitale Scheinrealität.
Rieälledieschou, Riel-Leif-Mietding, Seiberspees

Rieälledieschous, die sin im Komme,
aach *Riel-Leif-Mietdings* – was e Kees!
Doch bleibt heit jedem unbenomme,
hot er soi Spaß an *Seiberspees**.

* *„Seiber" oder „Gaafer" (Geifer) nennt man den Speichel, der aus dem Mund fließt*

Rushhour, Stoßzeit im Berufsverkehr.
Raschauer

Er kriet e Notruf, hockt beim Halwe,
de Bauer uff de Ferkelschau.
„Komm hämm! *Rasch, auer** Kuh dut kalwe,
de Viehdokder steckt voll im Stau."

* *eure (aus dem Hunsrück)*

Scanner, tastet ein Objekt mit einem Licht- oder Elektronenstrahl ab und verarbeitet die Messwerte weiter.
scannen, mit dem Scanner abtasten.

Skenner, skennen

Weil er das kann, do dut er *'s kenne**,
de *Skenner* met dem scherfe Blick;
mer dut em nor die Uffgab nenne,
er schickt e Raschderbild serick.

* *Wortspiel: können – kennen – scannen*

Service Point, neudeutsch der Deutschen Post im Zeitalter des Kundendienstes.

Sörwis Point

*Sör Wisspoint**, fern vun England kimmt er,
is jetzt in Dienschde unsrer Poscht.
als echder Insulaner trimmt er
die Kundschaft ganz uff englisch Koscht.

* *Sir Wisspoint, alter englischer Adel*

Shareholder-Value, Kapitalanteil von Aktionären, die auf rücksichtsloses Gewinnstreben zielen; ein Shareholder ist auf schnellen Ertrag aus.
Time, Zeit.
Money, Geld.

Scherholder-Wellju, Teim, Manni

Scher dich um nix un *hol der Wellju**,
so veel de krieje kannsch – gleich heit!
Wo *Wellju* ufftaucht, mach ganz schnell du,
is *Teim* doch *Manni*, Geld is Zeit.

* *Hole dir „Wellju" (Geld)! Beliebtes Gesellschaftsspiel eines Volksstammes auf einer zurückgezogenen – nicht näher genannt werden wollenden – ostfriesischen Insel. Die Bewohner sollen angeblich von früh bis spät am Meer kauern und mit dem Ausruf: „Wellju!" (wörtlich: Welle du!) einer Welle harren, die nach ihrem Glauben einen sagenhafen Geldschatz an Land spült. Von daher auch die dortige Redensart, wenn jemand auf einen Schlag reich werden will: „Hol der Wellju!"*

Shooting-Star, jemand, der schnell an die Spitze gelangt; Senkrechtstarter. Er hatte wohl schon früh sein erstes Foto-Shooting (Fototermin), denn die älteste Sprachquelle für 'Star' ist das indogermanische ‘ster’, was 'am Himmel Ausgestreutes' bedeuten könnte. Kein Wunder, dass die Engländer da nach den Sternen griffen und ihren Star (= Stern) kürten.

Schuhting-Star

De *Schuhting-Star*, vun Fäns umzingelt,
sich selwer hochkadapuldiert.
Wie met Rakede-*Schuh* er *ting*elt,
de *Star* – wo uff die Sterne stiert.

Shoppinggoods, Güter, wie z.B. eine Eismaschine, die nicht täglich gebraucht werden und bei deren Einkauf man sorgfältig auswählt.

Conveniencegoods, Güter des täglichen Bedarfs, wie etwa Brot, die man in der unmittelbaren Nachbarschaft kauft.

Schoppingguuds, Kenwienjensguuds

In sieße *Guuds** wär mer gern Made,
net unbedingt in *Schopping-Guuds*.
Was gibts im Tande-Emma-Lade?
*Kenwienjens-Guuds*** – is das was Gut's?

** Bonbon(s) – „Guuds" heißt Gutes*

*** Wortungeheuer („Unguuds"), das sich nicht rheinhessenisieren lassen wird*

Showdown, Kraftprobe, Entscheidungskampf.
nobody, niemand.
Number one, Nummer eins.
die **Show must go on**, die Vorführung/das Leben muss weitergehen.
Schoudaun, noboddie, Namber wonn, die *Schou mast go on*

Vorm *Schoudaun* stehn die Kontrahände,
vum *noboddie* bis *Namber wonn*.
De Krampf vorm Kampf spricht manchmol Bände.
Doch nix do! Die *Schou mast go on*.

silver, silber (selbst das Osterei soll heutzutage silver – nicht silber – glänzen).
silwer

Was dut net alles *silwern* glänze,
jo richdich goldich *silwernich*.
De *Silwerblick** vun jemand kenn'n Se?
De Mond selbscht hot e *Silwer*stich.

* *leicht schielender Blick*

Skybeamer, Lichtstrahlen am Nachthimmel, die Diskothekenbesucher anlocken sollen.
Skaibiemer

De Himmel strahlt, obwohl es dunkel.
Skaibiemer werfe dort ihr Licht
als kilomederweit Gefunkel,
wo an die Diskofäns gericht.

Small talk/Smol Tog

Small Talk, Geplauder.
Smol Tog
Am beschde hält mer gude Winsche
am friehe Morje schun parat.
Un werd *'s mol Tog*, beim Plauderstinnche,
werd alles, was gefällt gesaat.

Snailmail, Schneckenpost.
Snehlmehl
Als *Snehlmehl* war die Poscht jo Spitze!
Unschlagbar Konkurrenz-los lahm.
Doch die im Nacke lässt se flitze,
*Schnellmel*der schmeiße jetzt de Kram.

Soapopera, (Seifenoper) rührselige, seichte Fernsehunterhaltungsserie. Als Daily Soaps beglücken sie täglich. Zuvor gibt's in den Nachmittagsprogrammen die sogenannten Daily Talks mit Hans Meiser & Co.
Soopopera
Wer lässt sich gern die Sopp* versalze,
als *Soop* verlängert un gestreckt?
Wer dut noch met de Zung do schnalze,
der die *Soopopera* entdeckt?

* *„Sopp" ist das ältere Mundartwort für Suppe. Durch naschende Köche sowie das Haushaltsgeld abzweigende Frauen kam es zum „Verlängern" der „Sopp" mit Wasser, woraus dann die „Soop" wurde. Dies geriet letztlich zur Vorlage für die endlos gestreckte „Soopopera".*

Softie, weicher, emotionaler Mann; Schwächling.
Soffdie.
De Dorscht is kumm, ei grad so oft wie
es Fläschche leer un ohne Sinn.
Er schnappt e anner Flasch un *soff die*
– gluck! – leer, wo Weichspülmiddel drin.

Soundcheck, Akustiküberprüfung vor einem Popkonzert.
Saundscheck
Beim *Saundscheck* gehts um die Akusdik
bei der die Brieftasch dorchge*scheckt*.
Wanns richdich knischdert spielt die Mussik –
doch nor, wann aach de *Scheck* gedeckt.

Specials, Spezielles, Besonderes.
Späschels
Was wär es Lewe ohne *Späschels**,
hot mer uff so was Appedit!
Es Wasser sterzt in wilde Bächels
de Gaume runner alleridd.

* *Speichelausflüsse, die allein beim Hören des Wortes „Späschels" kaum im Mund zusammenlaufen dürften*

Speedskater, Halbprofi auf Inlineskates (Rollschuhe für Skater).
High-Speed-Skater, hängt sich z.B. an schnelle Autos und rast in gefährlichem Tempo (Weltrekord derzeit 307 Stundenkilometer).
ausflippen, sich in einen Rausch versetzen; ausrasten.
Looping, senkrechter Schleifenflug, Überschlag.
crazy, verrückt.
tipsy, beschwipst.

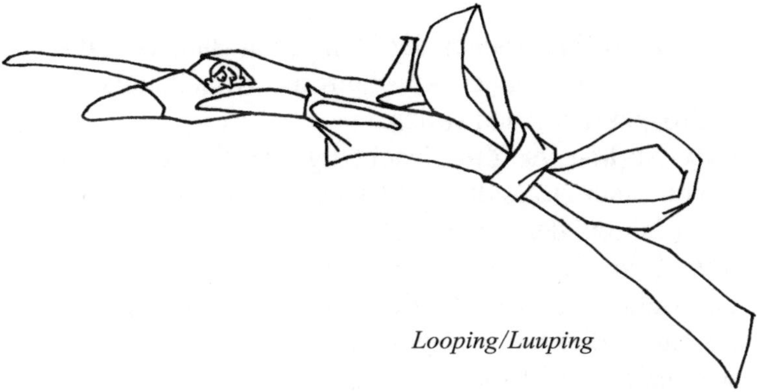

Looping/Luuping

Spiedskeeder, Hei-Spied-Skeeder, ausflippen, Luuping, kreesie, tippsie
Spiedskeeder, die dun Tempo mache,
doch *Hei-Spied-Skeeder flippe aus*,
sin *kreesie* – fahre do met Sache!* –
un *tippsie*, kimmt e *Luuping* raus.
** mit hoher Geschwindigkeit fahren*

Spin-Doctor, Ideengeber, der politische Ziele formuliert.
Spinn-Dokder
Die Politik braucht soi Ideeje,
will se, dass aach mol ebbes glickt;
Spinn-Dokder nennt mern desdeweje,
er *spinnt*, doch isser net verrickt.

Standing Ovations, überwältigender Applaus im Stehen.
Ständing Ohwehschens
Ständing Ohwehschens ohne Pause,
Ohrwehschens kriet mer – weils so schee!
De Puls geht hoch, die Ohre sause,
die Hänn dun no ner Halbstunn weh.

Stauscout, Mitarbeiter der Deutschen Bahn AG, die im Stau steckenden Autofahrern Erfrischungen und Prospekte reichen sollen.
City-Night-Line-Zug, Nachtzug, der als City-Liner von Stadt zu Stadt fährt (wo sollte er auch sonst hinfahren, der Nachtzug?).
Stauskaut, Siddi-Neid-Lein-Zug
Die Bahn – als *Kauz*? – dut *Stauskauts* schicke,
ihr Kundedienscht is: Sprachsalat
wie *Siddi-Neid-Lein-Zug.* Erquicke
kanns niemand bei de Audofahrt.

Store, Vorrat, Laden – oder: Vorhang?
Stor
Es wolle Leit Geschäfde mache
un schreiwe ebbes vun em *Stor**,
als hädde se ver*stor*de Sache,
weil do vielleicht de Vorhang vor?
* *Vorhang (lat./franz. Store)*

Streetwear, Alltagskleidung, also das, was man auf der Straße trägt.
Strietwär
Wie mancher uffzieht* – nennt mer Mode.
Un so kimmt der dann aach doher:
im Winder Tüll, im Summer Lode! –
Weils uffällt, was un*striet*ig *wär*.
* *schlecht angezogen sein*

Streetworker, Sozialarbeiter, der „Straßenarbeit" leistet; er hilft und berät vor allem Drogenabhängige sowie gefährdete und straffällig gewordene Jugendliche.

Strietwörker
Vor Ort scheint noch die Welt im Reine,
im Ort is dodruff kaum Verlass;
*Strietwörker** do als Reddung scheine,
sie schlichde *Striet: Wer kehr*t die Gass?

* *Straßenarbeiter in Orten, wo keine Kehrmaschine im Einsatz ist, und daher jeder vor der eigenen Tür kehren sollte.*

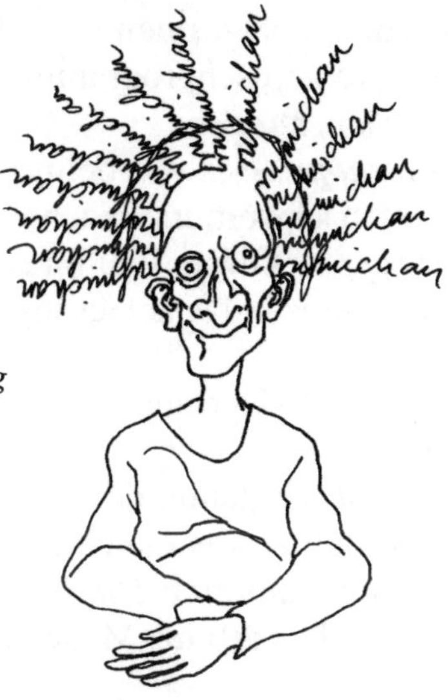

Styling/Steiling

Styling, Aufmachung;
sich herausputzen,
die Haare stylen.
Steiling
Manch flacher Typ dut sich gern *steile*,
dass jeder denkt: Moi liewer Schwan!
Dank *Steiling* hot mer was zum Peile –
doch nor als richdich *steiler* Zahn.

Superhighway, großspurige Bezeichnung für
Datenübertragung per ISDN-Kabel.
Super-Hai-Weh
Uff Audobahne kriet mer Leibweh,
steht mer im Stau, weil nix meh geht.
De *Hai*-Mann kriet e *Super-Hai-Weh*,
weil die *Hai*-Dam net uff-em steht.

Sweatshirt, modischer Sportpullover.
Swettschört
Pullover sin Originelles,
doch der do is de letschde Schrei,
die Schafswoll is was ganz Spezielles:
Se *zwett schert* mer es Schaf debei.

switchen, wie **zappen** schnelles Umschalten auf andere Fernsehprogramme.
switschen, zappen
Beim *zappe* isses wie beim *switsche*:
Die Fernsehwerbung macht sich lang,
mer *zappt e* Gläsje Woi un *zwitschert*
was anneres – das is Gesang!

Tattoo, Tätowierung.
Tatu
Die Haut, gespannt, denkt sich: Mach Sache!
Die Nodel: Das is gleich geritzt! –
Ganz spitz dut dief: *Da du*! se mache,
wann se ihr Färb ins Moschder spritzt.

Teenie, Teen ist ein Teenager, also Junge oder Mädchen zwischen etwa 13 und 19 Jahren; Teenie ist ein junger Teen.
Twen, Jugendlicher in den zwanzigern.
Tienie, Twen
„*Die nie*!" hot er gedenkt, do isse
noch in die Schul gang, *tienie*-jung.
E paar Johr druff do wollt ers wisse,
weil se jetzt *Twen* war un – voll Schwung!

Tennis-circuit, Tenniszirkus.
Tennis-Sörkitt
Sör Kitt, englischer Tennis-Adel,
filzkugelsicher *kitt*-erprobt,
bei Tennis-Zirkus-Jungs un -Madel
Dollarschein große Löcher stoppt.

Ticket Counter, Fahrkartenschalter der Deutschen Bahn AG.
Ticket Kaunder
„En *Ticket Kau'nder**? Heiligs Blechle!
Ja, *ticket* Ihr noch richtig, Leut?"
De Schwob vorm Schalder greift ins Täschle:
„Statt Bahnkaad esst mol Spätzle heut!"
* *Fahrkarten Kauender*

Tomorrow News, (N-TV) neueste Nachrichten – die in aller Unbekümmertheit oft noch lange nach dem Verfallsdatum als frische Kost präsentiert werden.
Tumorro Njus
Tumorro Njus sin oft Konserve,
weil se vun geschdern – alde Schmus!
Vergangenes dut schnell verderwe –
wie war das domols bei de *N'Jus**?
* *für neueste Nachrichten sorgten einst Flugzeuge des Typs Ju 52 („N'Jus"), die auf Grund des legendären Rufs („Tante Ju") zuletzt im 2. Weltkrieg als Transporter eingesetzt wurden.*

Touchscreen, Computerbildschirm mit Sensorfeldern, deren Berühren den Programmablauf steuert.

Tatschskrien

Tatsch! will es nasse *T(o)uch* do klatsche,
dut jemand *Tatschs krien** un macht batsch.
Den wo mer battsche dut un flattsche,
der *kriet* bestimmt net nor e *Tatsch*.

* *leichte Schläge kriegen*

Trailer, aus verschiedenen Filmszenen zusammengestellter Vor- oder Werbefilm; ersetzt Ansager (-innen) beim Fernsehen.

Drehler

Wer ebbes macht, der macht aach Fehler;
beim Film gibts manche schlechde *Dreh*,
mer iwwer*dreh*t, es kimmt e *Drehler*,
ab*dreh*e is dann die Idee.

Trashkultur, der Trend zum Billigen, Schrillen und Geschmacklosen, bei dem z.B. obskure Schlagerstars angehimmelt werden und alles billig wirkende modisch ist.

Dreschkultur

Wer frieher in de Nachbarorde
wo uff die Mussik – voll Amour –
e „falsche" Blick, die „falsche" Worde,
verdrosch hot mern, dank *Dreschkultur*.*

* *Noch in der Jugendzeit des Autors hüteten einheimische Burschen ihre Dorfschönheiten – oder solche, die sie dafür hielten – besonders vor Kerlen aus den Nachbarorten oft mit rabiaten Mitteln.*

Trashkultur/Dreschkultur

Trekking, abenteuerliches Wandern.
Leggings, (Plural) dünne, eng anliegende Hose.
Trecking, Leggings
Wer was erlewe will, macht *Trekking*,
selbscht wann er hinneno ver*dreck*t.
Zum Präsendiere hot mer *Leggings,*
dass die Figur net unentdeckt.

Trendscout, jemand, der Trends nachspürt, sie frühzeitig erkennt.

Trendskaut

Ob Bio-, Müll- wie Glas- un Tonne
for alles, niemand meh vermisst,
verspricht die *Trendskaut** wahre Wonne:
Mer sieht un riecht jetzt jede Mist.

* *Sammelkaute (ausgehobene Vertiefung) für Abfälle jeglicher Art, die getrennt im Freien gelagert werden, daher auch: „Trennts-Kaut". Es knüpft an alte Zeiten an, da „Mistkaut" und „Puhlloch" (Dunggrube) direkt vor dem Haus noch eine unverwechselbare persönliche Note verströmten.*

Trucker, fährt einen schweren Lastwagen (Truck).

Tracker

Erscht war er Kutscher, Meewelpacker,
dann Treckerfahrer, Klasse vier.
Met Klasse zwo fährt er als *Tracker*
jetzt – wie ver*track*t – met null Glas Bier.

Underdog, (sicherer) Verlierer; sozial Schwächerer.

Stalker, verfolgt Frauen und betreibt Stalking (hartnäckiges Belästigen durch verschmähte Liebhaber).

Anderdog, Stoker

De *Anderdog* dut stets verliere;
un gern bedauert mern dodrum.
Doch wie e *Stoker* reagiere
nimmt de Betroffene dem krumm.

Underwriter, (Versicherer) gesucht von einem Haftpflichtverband der Deutschen Industrie in einer Anzeige zwecks Underwriting im Industriebereich.

Anderreider

Wo kimmt mer heit met deitsch noch weider?
In Deitschland? – Mach emol e Paus!
Do suche se de *Anderreider*
un wen net all – mer hälts net aus!

unplugged (nicht eingestöpselt) wenn eine Musikband ohne Verstärker spielt.

anplaggd

Sie han gesunge, sin gesprunge
bis ooner – rums! – wo *ooplaggd* is.
Er hot mem Kabel sich verschlunge
un de Verstärker umgeriss.

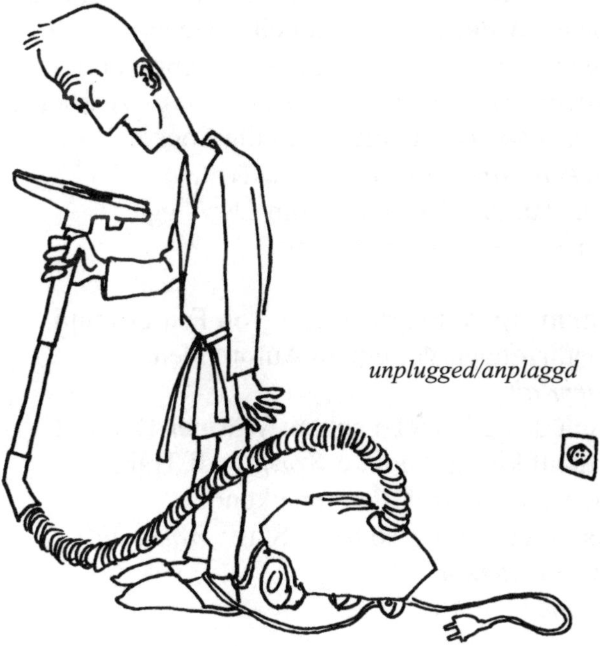

unplugged/anplaggd

Update, auf den neuesten Stand bringen.
Abdeet
Die Poscht geht *ab, deet* mer erhoffe,
un dass sich was beweet im Land.
Doch unser Bahn lässt das noch offe,
sie steht – still – uff em neischde Stand.

Upgrade, Aufrüstung.
Abgreed
Beim *Abgreed* hot jo der Probleme,
dem Kundedienscht e Fremdwort is.
"Hau *ab, Greed**, seet do die Bequeme,
War's bei de Bahn? Es scheint gewiss!
* *Abfertigung einer Kundin namens Grete*

Walking, flottes, sportliches Gehen.
Stick-Walking, das Gehen mit zwei Teleskopstöcken.
Power-Walking, sehr schnelles Gehen.
joggen, entspannt, in mäßigem Tempo laufen.
Woking, Stick-Woking, Pauer-Woking, dschoggen
Beim *Woking* qualme kaum die Socke.
Stick-Woking hilft bei jedem Tritt.
Vum *Pauer-Woking* bis zum *Dschogge*
do isses nor e korze Schritt.

Warm-up, aufwärmen z.B. von Fahrern und
Fahrzeugen vor einem Autorennen.
Worm-ab
Aach das gibts jetzt schun: Wärmer-Renne*!
Erdkalt kimmt kaum e *Worm*** uff Trab,
doch uffgewärmt die renne kenne,
das quietscht nor so beim Start: *Worm ab*!
* *Würmer-Rennen*
** *Wurm*

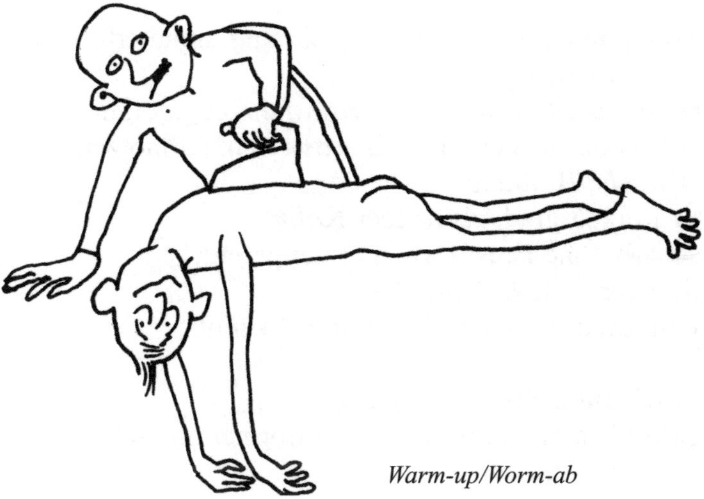

Warm-up/Worm-ab

Weekend, Wochenende.
Wiegend
Jed Woch end met em Wochenende,
wo mancher mol die Zeit sich nimmt
un *wiegt* soi Kind, denkt an die Rende. –
Bis mondaachs dann es *Wieg-End* kimmt.

Wellness, Wohlbefinden; in Spaßbädern verspricht der Wellness-Bereich Erholung und Entspannung.
Wellness
In Schottland wälzt sich uff-em Wasser
die Nessy, ewig unvergess.
Wie denkt dodriwwer de Verfasser,
was do vermutlich schwimmt? *Well Ness**!

* *Behaglich dahingleitende Welle im schottischen Gewässer von Loch Ness; ihre schlangenartige Bewegung wurde bis in die Neuzeit immer wieder für ein Ungeheuer (Nessy) gehalten – wohl auch eine Spiegelung des krummbuckeligen Umlandes*

Workaholic, steht unter dem Zwang, ununterbrochen zu arbeiten.
tunen, die Leistung eines Kraftfahrzeugmotors nachträglich erhöhen, ihn frisieren, aufmotzen.
Wörkeholik, djune
Er *werke*lt grad, *als* hädder K*olik,*
schafft ohne Paus – wann er net pennt.
So isser halt, de *Wörkeholik*,
fehlt grad noch, dass mern *djune* kennt.

Workshop, Kurs, Seminar o.ä.
Infotainment, Kurzwort aus Information und Entertainment.
Wörkschopp, Infoteenment
Heit duts jo nor noch *Wörkschopps* gewwe. –
Wie hot mers frieher so geschafft? –
Met *Infoteenments* dodenewe
so mancher manches besser rafft.

World Wide Web, weltweites Informationssystem im Internet.
Wörld Weid Web
Es will die Welt sesammericke,
aach dank der *wörldweid Web*erei,
wo se die dollschde Masche stricke –
un falle losse, immer nei.

Yuppie, junger, karrierebewusster Stadtmensch. – Kurzwort aus: young urban professional (people).
Juppie
Als *Juppche* war er schun geschniegelt.
Als *Jupp* do isser in die Stadt,
wo jo soi Schicksal schnell besiegelt,
weil er was *Juppie*-hafdes hatt.

Zoom-Ticket, Spezialangebot der Deutschen Bahn AG (bitte dort nachfragen oder überraschen lassen).

Zuum-Ticket

Das war vun A bis Z deitsch – englisch,
die Bahn macht widder mol de Schluss:
Zuum-Ticket nennt se iwwerschwänglich,
was erschtmol wer kapiere muss.

Stichwortverzeichnis

Wilfried Hilgert,
1941 in Horrweiler/
Rheinhessen geboren

Statt einer Kurzbiographie, Pressestimmen zum Autor. Die ALLGEMEINE ZEITUNG MAINZ: „Geschichtenerzähler, Lyriker, Sprachforscher und Mundartdichter. – Seine Erzählungen und heiteren Wörterbücher, gespickt mit Lebensweisheiten, Sprüchen und Sprachspielen sind längst Klassiker der rheinhessischen Mundartliteratur. Er braucht das Schreiben wie die ‘Luft zum Atmen’.”

Der MANNHEIMER MORGEN – KULTUR REGIONAL: „Wenn die Beschäftigung mit Bier müde machen soll, so gilt das nicht für den Wein. Offenbar bleibt noch genügend Gelegenheit für den hellen Kopf, seinen Gedanken nachzuhängen und daraus kurzweilige, zu gleicher Zeit aber auch belehrende Wörterbüchlein zu schaffen. Dabei regt die kulturgeschichtlich ohnehin höchst interessante Tätigkeit des Weinbaus außerdem dazu an, dichterische Neigungen zu entwickeln, die man eines Tages in einem Herkunftswörterbuch vielleicht unter ‘ hilgerten = produktiv, sprachschöpferisch, auch rheinhessisch für humorvoll-belehrend’ finden kann.”

Aladár Zoltán Suhajda,
1968 in Ungarn geboren

Er zeichnet, seit er denkt. Oder umgekehrt? Was er zuerst zeichnete: das Huhn oder das Ei? – Eine Giraffe an die Wand der neuen Wohnung, gerade mal zwei Jahre alt! Die mächtigen akademischen Kreise in Ungarn verabscheuen Karikaturen. So flüchtete er nach Deutschland. Zwar wurde sein Asylantrag abgelehnt, doch er kann in Mainz FREIE BILDENDE KUNST studieren. Immerhin: Der „Countdown" läuft...

Als Karikaturist kein „nobody" mehr – „Englisch-Rhoihessisch" ist das vierte Buch, welches er illustriert – hat er sich locker in die rheinhessische Mundart eingelesen: Jede Zeichnung passt treffsicher.

Literatur

Bertelsmann Das neue Trendwörterlexikon

Duden Das Fremdwörterbuch, 6. Auflage

Duden Wörterbuch der Szenensprache, 2000

Grün Das andere Börsenlexikon, Ullstein 3. Auflage 2000

Langenscheidts Großes Schulwörterbuch Englisch-Deutsch, 8. Auflage 2000

Langenscheidts Großwörterbuch der englischen und deutschen Sprache "Der kleine Muret-Sanders", 6. Auflage 1993

ISBN 3-9803150-5-3

Hilgert Verlag

11. Auflage 2000
158 Seiten **19,80 DM**

Illustrationen von
Johannes-Maria Rohr

. . . fast schon ein »Klassiker« der Mundartbetrachtung.
Rhein-Zeitung Koblenz

. . . heiterer Sprachführer – ein echtes Pläsir.
Wiesbadener Kurier

. . . ein Lexikon und doch viel mehr, ein Stück Sprachgeschichte.
IHK Rheinhessen

. . . ein hinreißendes Kompendium.
Süddeutscher Rundfunk

. . . Schatz, dem sprachwissenschaftliche Anerkennung gebührt.
Alzeyer Woche

. . . die karikaturistischen Zeichnungen sind sehr aussagekräftig.
Bad Kreuznacher Heimatblätter

. . . bietet informative Unterhaltung an, denn der Leser will nun unfehlbar selbst den Entdecker spielen.
Frankfurter Neue Presse

. . . gerät somit zum liebenswerten Lexikon.
Die Rheinpfalz Ludwigshafen

. . . eine köstlich-unterhaltsame Mixtur von Wurzeln und literarischen Wucherungen des verdeutschten Französisch im Sprachgut der Menschen, das sich wie Treibholz auf den Alltagswellen bewegt.
Allgemeine Zeitung Mainz, Rhein Main Presse

. . . mit dieser Darstellungweise gibt der Autor einen recht interessanten Einblick in sprachliche Feinheiten der rheinhessischen Mundart und Lebenskultur. Es entsteht eine unterhaltsame Mischung von außerordentlichem sprachlichen Reiz. Die Büchlein sind daher allen zu empfehlen, die sich für Mundart und rheinhessische Kultur interessieren.
Ministerium für Bildung und Kultur Rheinland-Pfalz

ISBN 3-9803150-4-5

Hilgert Verlag

3. Auflage 1997
143 Seiten **18,– DM**

. . . ein bemerkenswertes Buch, das ganz still Bewußtsein schafft.
Südwestfunk

. . . das Hebräisch-Jiddische ist fester Bestandteil des Rheinhessischen, und man ist sich dessen kaum noch bewußt. Zusätzlich belebt wird das Buch durch die humorvollen und einfallsreichen Illustrationen von Ehrhard Hütz.
Industrie- und Handelskammer für Rheinhessen

. . . eine Fundgrube für Sprachforscher und für alle, die wissen wollen, wo die Begriffe des täglichen Sprachgebrauchs herkommen. So sind die 140 Seiten zugleich ein unterhaltsames kulturhistorisch wie -soziologisch interessantes Kompendium.
Rhein-Zeitung Koblenz

. . . das Faszinierende an seiner gewählten Darstellungsform ist, daß der Leser das Buch ebensogut als Nachschlagewerk als auch als unterhaltende Lektüre nutzen kann.
Allgemeine Zeitung, Rhein Main Presse Mainz

. . . manche Wörter aus dem Jiddischen und Hebräischen, deren Ableitung vom Ursprung her durchweg gut erklärt wird, sind jedem Pfälzer geläufig und werden fast täglich angewendet. Ein ausführliches Register wie die Angabe der Quellen belegen die Gründlichkeit der Recherchen des Autors.
Die Rheinpfalz Ludwigshafen

. . . der diese Lebensweisheiten gesammelt hat, diese kulturhistorischen Dokumente vor dem Vergessen gerettet, ist ein rheinhessischer Weingärtner. In Verse, Vierzeiler durchgehend, faßt Hilgert humoristisch ein kleines Sprachlexikon zusammen, das seinesgleichen sucht.
Allgemeine Jüdische Wochenzeitung Bonn

. . . wie massiv hebräische Elemente auch ins Kurpfälzer Gebabbel Einzug hielten, wird hier deutlich.
Mannheimer Morgen

. . . das kleine Kompendium, angereichert und aufgelockert mit launigen Illustrationen von Ehrhard Hütz, ist eine wahre Fundgrube und unterhaltsam dazu. Ein von dem rheinhessichen Weingärtner mit spürbarer Liebe und Freude gehobener Wort-Schatz.
Rhein-Neckar-Zeitung Heidelberg

ISBN 3-9803150-6-1

Hilgert Verlag

3. Auflage 1998
96 Seiten **12,80 DM**

. . . was wäre unsere Sprache ohne die Römer? Uns fehlten die Worte für so manch weinseligen Zustand, denn wer weiß schon, daß »e Dertche rolle« vom lateinischen torquere (= drehen) kommt?

Allgemeine Zeitung Mainz

. . . ihm gebührt das Verdienst, die Wurzeln unserer Muttersprache bewußt zu machen, Erhaltenswertes zu schützen und vor dem Vergessenwerden zu bewahren.

Weinbruderschaft Rheinhessen

. . . Wilfried Hilgerts Sprachreiseführer in die Seele unserer Dialektsprache sind, obwohl rheinhessischer Herkunft, auch bei uns bestens aufgenommen worden. Auch »Anno Tuwak« ist wieder ein herrliches Geschichts- und Lesebuch unserer Sprache.

Rhein-Zeitung Koblenz

. . . eine der wenigen hochinteressanten und zugleich reizvollen Ausnahmen bildet die vom Autor kenntnisreich, akribisch und liebevoll zugleich erarbeitete Serie »Die heiteren Sprachführer«. In der gleichen, höchst vergnüglich zu lesenden Weise wie die vorhergehenden Publikationen zeigt die Neuerscheinung sprachhistorische Bezüge bis hin zur Römerzeit auf.

Trierischer Volksfreund

. . . dazwischen streut Hilgert seine unterhaltsamen Verschen, denn mit dem Winzerlatein soll es einem ja nicht bierernst sein.

Frankfurter Neue Presse

. . . das Buch führt den Leser und Benutzer noch weiter als seine Vorgänger zurück in die Entstehung unseres Dialekts; es bringt neue, oft überraschende Erkenntnisse, und es weckt den Wunsch, daß der Band doch noch nicht der endgültige Schlußpunkt dieser Reihe sein möge.

Industrie- und Handelskammer für Rheinhessen

. . . jedes Themengebiet ob Winzerlatein, maßvoller Genuß, Lateinunterricht, Kerle und Mädchen oder Kulinarisches, inspirierte den Autor zum Schmieden neuer Mundartverse, die durchweg amüsante Anwendungsbeispiele für die lateinisch eingefärbten Begriffe geben.

Oeffentlicher Anzeiger Bad Kreuznach

. . . mit trefflichen Karikaturen, mit spitzer Feder von Friederike Groß gezeichnet, kann man auch dieses Buch als überaus gelungen bezeichnen. Wer weiß, was der Autor zukünftig noch alles parat hat?

Binger Wochenblatt

ISBN 3-9803150-7-X

Hilgert Verlag

192 Seiten **24,80 DM**

E **Schinnoos** is e richdich **Luder,**
de **Schluri** raffiniert un schlau,
die **Muck,** die dick, steht gut im Fudder,
de **Schnorreswixer** macht die Schau.

Schinnoos – durchtriebenes Frauenzimmer, ein richtiges „Aas"
Schindaas – Tierkadaver, dem der Schinder das Fell abgezogen hat

Luder – meist weibliche Person mit wenig liebenswerten Beigaben wie 'frech, durchtrieben' und anderen; dem mittelhochdeutschen Ursprung am nächsten kommt „e stramm Luder"
mhd. *luoder* – Lockspeise

Schluri – raffinierter, durchtriebener Mensch, Schlitzohr; seltener: schlampige Person;
mhd. *slur* – fauler, unlustiger Mensch: angereichert mit „Schluri" – Zuckerrübensirup

Muck – abwertend: „dick Muck" für fettes, unappetitliches, schlampiges Weib;
positiv: „Muckelche" oder „Mockelche" für niedliche Person, die „muckelich" ist
mhd. *mocke* – Zuchtsau

Schnorreswixer – scherzhaft für Schnurrbartträger; früher gab der Mann seiner Zierde mit Wichse Halt; damit konnten „Schnorreswackeler" ihren Schauzbart in Schwingungen versetzen
ndd. *snurre* – Schnauze + *wichsen,* eine Variante von *wächsen* – Wachs auftragen

Weitere Bücher aus der Feder von Wilfried Hilgert

Farben eines Weinjahres
Gedichte über den Wein

Auf den Busch geklopft – Band 1
mit 40 Karikaturen von Jörg Baltes

Auf den Busch geklopft – Band 2
mit 40 Karikaturen von Jörg Baltes

ISBN 3-9803150-0-2

Hilgert Verlag

2. Auflage 1991
112 Seiten **15,– DM**

„Einfühlsam von Johannes-Maria Rohr in klaren Federstrichen mit 27 skurrilen Zeichnungen und flotten Karikaturen illustriert. Mit viel Liebe zum Detail, die den intimen Kenner dörflichen Lebens verrät, werden die Menschen und die Örtlichkeiten skizziert.“

Richard Walter

„Eine süffige Poesieprobe des dichtenden Winzers Wilfried Hilgert, garniert mit Lebensweisheiten und Didaktischem – alles soweit er dichtet – in flüssige Verse ohne peinliches Geholper gebracht. Eine Meisterleistung sein Gedicht ‘Doll Hinkel’, wo er auf sechseinhalb Seiten nicht weniger als 162 Tierausdrücke unserer Sprache, vom Ackergaul bis zur Zimtzicke, vereint. Wir wünschen dem Buch die Verbreitung, die es rechtschaffen verdient, bezeugen gern, daß es sich nicht nur um echte, sondern sogar um edle Kreszenzen handelt und nirgends gepanscht wurde.“

Allgemeine Zeitung Mainz, Rhein Main Presse